論理学入門

丹治信春

筑摩書房

さ・く・ら文庫

文庫版へのまえがき

本書は，1999年に朝倉書店から出版した論理学の教科書『タブローの方法による論理学入門』に，ある程度の改訂を加え，文庫化したものである．論理学の教科書を文庫化するなどということは，考えてもみなかったことであり，文庫化を申し入れてくださった筑摩書房の「ちくま学芸文庫」担当の方々に，感謝申し上げたい．これによって，大学の教科書としてだけでなく，多くの一般読者の方々（教科書として採用されていない大学の，学生の皆さんを含めて）の目に触れることになれば，著者としてたいへんうれしいことである．

タイトルから「タブローの方法による」という表現を削除したのは，単に，「専門的」という印象を避けるためであり，実際にはタブローの方法を使っていることには変わりはない．タブローが，論理学における証明の，習得が最も容易な方法であることは，元の版の「まえがき」に述べたとおりである．

「改訂」を加えた主な部分は，練習問題である．巻末に「解答」をつけるにあたり，練習問題は抜本的に作り直した．

もう一つ元の版と異なることは，文庫本の宿命として，ページが小さくなるために，大きなタブローを1ページに収めることが，さらに難しくなったことである．タブローは本来，一枚の「絵」としてかくべきものである（「タブロー」は，

フランス語で絵を意味する）が，元の版では，ページをまたがってしまうタブローがあった．しかもこの文庫版では，「タブローをかきなさい」という練習問題の解答として，前よりもずっと多くのタブローを印刷することになった．第3章と第7章の，最後の方の練習問題の答えは，かなり大きなタブローになる．そこで，本当に文庫版を作ることが可能なのかを調べるために，印刷会社の協力も得て，かなり大きないくつかのタブローを使って，「組見本」を作っていただいた．その結果，1ページに収めたり，見開き2ページを使ったりして，何とか文庫版にできそうだ，という結論に到ったのである．担当編集者の平野洋子さんには，そのためにいろいろと苦労して，工夫をしていただいた．深く感謝申し上げたい．

　2014年1月

丹 治 信 春

まえがき

　この本は，記号論理学を初めて学ぶ人のための教科書である．この本のもとになったのは，私が何年間かにわたって，主に大学1,2年生向けの「論理学」の講義で学生に配ってきたプリントである．講義で実際に使ってみながら，間違いやわかりにくいところを少しずつ直し，練習問題を工夫したりして，かなり「改善」してきたつもりである．「プリント」から「教科書」にするにあたっては，自分で講義に使うときには口頭で補足説明する多くの事柄を，本文や注に書き加えた．したがって，講義のための教科書としてだけでなく，一人で勉強しようという人にも，利用していただけるものと思う．

　この本で目指したのは，記号論理学の基礎的な諸概念，基本的な考え方を習得しつつ，特に，「タブロー」という方法による「証明」の技法を，身につけてもらうことである．この「タブロー」と呼ばれる方法は，ベート，ヒンティカ，スマリヤンといった人達が，1950年代から60年代にかけて開発してきた，論理学における非常に強力な証明の方法である．本書は，とりわけスマリヤンのアイディアに，多くを負っている．（ちなみに，このスマリヤンという人はなかなか面白い人で，手品がうまいらしい．そして，『この本の名は？』（川辺治之訳，日本評論社）という名の論理パズルの本や，『哲学ファンタジー』（高橋昌一郎訳，ちくま学芸文庫）という楽し

い哲学書も書いている．）

　私はこれまで,「論理学」の講義をずいぶん長い間やってきた．その経験から言うと，この「タブロー」の方法は，ある程度きちんと勉強した学生のほぼ全員が，十分に習得できるものである．現在，論理学での「証明」のやり方としてしばしば採用されるものとしては,「タブロー」の他に，ゲンツェンが考案した「自然演繹」と呼ばれる方法がある．そして自然演繹の方法は，かつての「公理的方法」などに較べれば，はるかに習得が容易であるし——公理的方法では，簡単な論理式を証明するのも，ほとんど「職人芸」であった！——，また,「論理語の意味とは何か」といった問題や，通常の（「古典論理」と呼ばれる）体系とは異なる論理体系を考えたりする上では，極めて有用なものである．しかし，初めて学ぶ人にとっての習得の容易さにおいては，タブローの方法には及ばない．私の経験では，自然演繹の習得には，かなり多くの学生がつまずくかなり厳しいハードルが，二つある（「または」の除去と,「存在」の除去——これは，自然演繹を知っている人のための注）．だが，タブローの方法には，ほとんど「ハードル」がないのである．（なお，自然演繹のコンパクトな教科書としては，前原昭二『記号論理入門』（日本評論社），もっとコンパクトなものとして，金子洋之『記号論理入門』（産業図書）を挙げておく．）

　ハードルがないとはいえ，技術の習得にはやはり練習が必要である．本書には，かなり多くの練習問題を入れてある．その前には多くの場合「例題」などが示されているので，そ

れを参考に取り組んでいただきたい．ただ，練習問題の中には，初学者にとっては少々難しすぎるものもあるかもしれない．しかし，すべての問題が解けなくても，悲観することはない．まずまずできれば上等である．そして，ある程度努力した人々のほとんどが，「まずまずできる」ものと期待している．

これまた私の経験では，論理学の勉強で大事なのは，**自分の手を動かして考えること**である．タブローの方法では，かなり複雑な論理式の証明もそれほど難しくないので，第3章や第7章の後ろの方では，かなり複雑な論理式が出てくる．それらは，目で追って見ているときにはひどく複雑に見えて，「お手上げ」と感じるかもしれないが，しかし自分の手を動かして，ただ紙に書き写すだけでも，その印象は劇的に変わると思う．手を使って書き写すことによって，論理式の構造がはっきりと「見えて」くるのである（その点で，最近増えているパソコン上での論理学の授業には，私は多少懸念をもっている）．だまされたと思って実行していただきたい．練習問題の前の例題も，既にやり方が説明してあるものについては，答えを辿る前に，まずは自分で手を動かしてやってみていただきたい．そのような練習を通じて，「論理学の体系」とか「証明」とはどんなものであるのかを，「実感」で理解していただきたいのである．

さて，この本では，初学者にとって少しでも習得しやすい形を求めて，あまり「標準的」ではないやり方をしている点が二つあることも，お断りしておいた方がよいであろう（二

つとも，スマリヤンに学んだものである）．

　一つは，第6章で導入する「対象式」という概念を使うことである．そこでも述べておいたように，「対象式」という概念を導入する目的は，述語論理における「真理値の定義」を「単刀直入」にすることにある．私の印象としては，その点において，「標準的」なやり方（それも注に書いておいた）よりも，「対象式」を導入した方が，（私個人としては，ずっと）わかりやすいと思われるのである．

　もう一つは，タブローを書くとき，通常の論理式の前に'⊤：'とか'⊥：'という「符号」をつけている点である．このような「符号付き」の論理式を使わないやり方もあり，そちらの方がたぶん「標準的」なのだと思う．そして，「符号をつけるやり方はいやだ」と言う人もいる．しかし，やはり私の印象と，教えてきた経験からすると，「符号付きの論理式」を使うやり方の方が，タブローを書くための規則を簡潔に整理しやすく，そのぶん習得しやすいように思うのである．だが，このあたりはかなり個人的な好みの問題なのかもしれない．「符号」をつけないタブローの方法については，リチャード・ジェフリー『形式論理学』（戸田山和久訳，産業図書）を参照するのがよいであろう．しかし，ジェフリーのその本の後半は，本書では扱わなかった「同一性」の記号（＝）や関数記号を含む論理式についての理論や，「2階の述語論理」と呼ばれる理論，さらにはゲーデルの「不完全性定理」までを（かなりの「駆け足」で）カバーする，相当高度な内容となっている．本書で「入門」を果たし，さらにその先に何があるの

かを知りたいと思われた方々には，推薦できる本である．（一旦「符号付き」でタブローをマスターした人にとっては，符号なしのタブローの習得も，色々と推測がきくので難しくはないと思う．）

また本書では，〈論理なるものの本性〉といった哲学的問題には，立ち入る余裕がなかった．人間の認識における非常に重要な一面としての「論理」とは，どのような本性をもつものなのか，といった問題に関心をもつ人には，本書と並行して，野矢茂樹『論理学』（東京大学出版会）を読むことをお勧めする．これは，禅僧を相手に著者が論理とは何かを講義する，という体裁の，なかなか面白くユニークな教科書である．（しかしその教科書は，証明技法の訓練を目指してはいない．）

この本では〈論理の本性〉についての哲学的問題は扱っていないが，しかし，「技法の習得」だけに話を限定しているわけでもない．そもそも「習得」すべき「技法」がどの程度の信頼性とパワーをもっているのかは，やはり知っておいた方がよいであろう．そのために，第1部と第2部の最後の章で，それぞれ命題論理と述語論理の「健全性」と「完全性」のかなり詳しい証明を与えておいた．しかし，実のところ，とりわけ述語論理の完全性の証明（第8章）は，「わかりやすい」話にすることがなかなか難しい．そうした「理論的」な話を苦手とされる方は，第8章は（場合によっては第4章も），「だいたいこんな話か」という程度に読んでいただければよいと思う．

まえがき　009

初めに述べたように，本書の主な材料は，長年にわたって講義の中で点検してきたものであるが，それでも気づかなかった（あるいは，追加した話に）誤りがあるといけないので，都立大学の同僚である岡本賢吾氏に最終原稿をチェックしていただいた．面倒な仕事を引き受けていただいたことに深謝する．しかしもちろん，なお誤りが残っていたならば，その責任はすべて私にある．朝倉書店編集部の方々には，原稿の完成が遅くなってしまったことをお詫びすると共に，タブローのレイアウトなど，厄介な作業を手伝っていただいたことに，お礼申し上げたい．

1999 年 8 月

丹 治 信 春

目 次

文庫版へのまえがき……………………………………………3
まえがき……………………………………………………………5
序　章………………………………………………………………15

第1部　命題論理

1　命題論理の記号言語…………………………………………22
2　真理値分析とトートロジー…………………………………34
3　命題論理のタブロー…………………………………………53
4　命題論理における健全性と完全性…………………………79
　　§1　命題論理におけるタブローの方法の健全性………79
　　§2　命題論理におけるタブローの方法の完全性………83

第2部　述語論理

5　述語論理の記号言語…………………………………………92
6　述語論理における真理値と妥当性…………………………110
　　§1　解釈と真理値…………………………………………110
　　§2　妥当性と充足可能性…………………………………129
7　述語論理のタブロー…………………………………………132

8 述語論理における健全性と完全性 …………………… 172
　　§1　述語論理におけるタブローの方法の健全性 …… 172
　　§2　述語論理におけるタブローの方法の完全性 …… 177

注 …………………………………………………………………… 197
練習問題解答 ……………………………………………………… 211
索　引 ……………………………………………………………… 251

論理学入門

序　　章

　論理学とは，論理的真理，（論理的）矛盾，論理的に正しい推論（演繹）といった事柄について，体系的に考える学問である．しかしそれでは，論理的真理，（論理的）矛盾，論理的に正しい推論（演繹）とは何か？　ここでは初めに，「論理的真理（logical truth）」とは何かを説明し，矛盾とか推論については後で取り上げることにする．

　そこでまず，

> **論理的真理**とは，**論理語**の働きだけによって真であることが保証されるような命題である

と規定することにしよう．

　では，「論理語」とは何か？　論理語とは，「かつ（そして）」，「または」，「……でない」，「すべての……」といったように，どのような話題についての話の中にも登場し，そこで話されたことの基本的な構造（形式）を作るようなことばである．今日の論理学では，次の六つの論理語を基本的なものとして採用し，それらに対応する記号（論理記号）を導入する．どのような記号を使うかについては，人々の間で完全な統一はできていないが，この本ではそれぞれ次ページの右側に示した記号を使うことにする．

……（で）ない	¬
かつ（そして）	∧
または	∨
ならば	→
すべて	∀
存在する	∃

 初めの四つの論理語は，**命題を単位として**，それをつないで（ただし「……（で）ない」だけは，一つの命題に付加されて）新しい命題を作る，という働きをもつ．これらの論理語に対応する記号を「論理結合子（logical connectives）」（ただ「結合子」と略すことが多い）と呼ぶ．論理的真理は「論理語の働きだけによって真であることが保証される」というのは，（初めの四つの論理語だけについて言えば）それらの結合子が様々の命題をどのようにつないでいるか，ということだけによって，真であることが保証される，ということである．

 （例） 海水は塩辛いか，**または**海水は塩辛く**ない**
 ………(1)

 この命題は，「または」と「……ない」ということばの働きだけによって，真であることがわかり，したがって論理的真理である．「海水は塩辛い」という命題を "p" という文字で表わし，上の結合子（'∨' と '¬'）を使えば，(1)は

$$p \lor \neg p \qquad \cdots\cdots\cdots(2)$$

と書ける（否定の記号 '¬' は，このように，否定される命題の前につける）．(1)が論理語の働きだけによって真となる，ということは，'p' が**どのような命題**を表わしても，(2)は必ず真になる，ということである．つまり論理的真理は，その要素となる命題の**内容**にはよらず，合成された命題の**形式**だけによって真なのである．（そのために，本書で扱うような現代の論理学は，しばしば「**形式論理学**」と呼ばれる．）

後の二つの論理語（「すべて」，「存在する」）についても，同じようなことが言える．ただし，特に「存在する」の場合に明らかなように，これらの論理語は命題の基本的な内部構造に関係してくる．例えば，「赤い魚が存在する」という命題は，いくつかの命題を結合子でつないだものではない（ある命題を否定したものでもない）．しかし，「存在する」という論理語の働きによって，

もし赤い魚が存在するならば，魚が存在する $\cdots\cdots\cdots$(3)

が真であることがわかる．これもまた論理的真理である．この命題が真であることがわかるのは，もちろん，「存在する」ということばの働きだけでなく，「（もし……）ならば」の働きにもよる．そしてさらに，実は「かつ」の働きも隠されている．なぜなら，「赤い魚が存在する」というのは，「赤く，**かつ**魚であるものが存在する」ということであり，その「かつ」

の働きがなければ(3)は論理的真理とはならないからである[1]. ここでは「かつ」は，一人前の命題ではなく，「赤い」とか「魚である」という「述語 (predicates)」をつないでいることに注意しよう.「赤い」という述語を 'F' で表わし，「魚である」という述語を 'G' で表わすならば，(3)は

F かつ G であるものが存在するならば，
G であるものが存在する　　　　　　　　………(4)

と書き直すことができる[2]. さらに，「(任意の対象) x は F である」，「x は G である」等を，それぞれ 'Fx', 'Gx' と書き，それらを使って表現される x についての条件——x——を満たす x が存在する，という命題を

$(\exists x)$——x——

と書くならば（そして，前に挙げた結合子を使えば），(4)は

$(\exists x)(Fx \wedge Gx) \to (\exists x)Gx$　　　　　　　　………(5)

となる.

'$\exists$' と '$\forall$' を合わせて「**量化子** (quantifiers)」と呼び，前者を「**存在量化子** (existential quantifier)」，後者を「**普遍**（または**全称**）**量化子** (universal quantifier)」と呼ぶ ('$(\exists x)$' や '$(\forall x)$'——場合によっては '$(\exists y)$', '$(\forall z)$' 等々——も，同

じ名前で呼ぶことにする).

 前の例(2)の場合と同様にここでも, 'F' や 'G' がどのような述語を表わそうと, (5)は真となる. つまり, (5)は(3)の**形式**を表現しており, そして(5)の形式をもつ命題はすべて論理的真理なのである.

 さて,「論理的真理」についての考察は,「(論理的) 矛盾」とか「論理的に正しい推論」といった事柄に密接に関係している.「論理的真理」を冒頭のように規定したならば, (**論理的**)**矛盾**とは, 論理語の働きだけによって**偽であること**が保証(?)されるような命題, **論理的に正しい推論**とは, 論理語の働きだけによって正しいこと——つまり, もし前提が(すべて)真であれば, 結論もまた真であること——が保証されるような推論, と規定するのが順当であろう. そして, ある命題 A が論理的真理であれば, A の否定($\neg A$)は矛盾であり, また, $A \to B$ が論理的真理であれば, A から B への推論は論理的に正しい推論である. さらに, $(A_1 \wedge A_2 \wedge \cdots \wedge A_n) \to B$ が論理的真理であれば[3], n 個の前提 $A_1, A_2, \cdots, A_n$ から B を導き出す推論は, 論理的に正しい推論である.

 以下の第1部「命題論理」では, 論理記号として「論理結合子」だけを使う場合を扱い, 第2部「述語論理」では, 量化子も含めたすべての論理記号が登場する場合を考察する.

第1部 命題論理

1 命題論理の記号言語

「序章」で述べたように,論理学では命題の「形式」だけが問題となるので,これから主に扱われるのは「序章」における(2)や(5)のような表現である.そのような表現を「**論理式** (formula, logical formula, well-formed formula)」と呼ぶ.また,(2)は「**命題論理の論理式**」,(5)は「**述語論理の論理式**」と呼ばれる.第1部で扱うのは,命題論理の論理式である.

「論理式」を定義する

まず,命題論理の論理式をきちんと定義することから始めよう.その定義は,(a)論理式の中にはどのような記号が現われてよいか,(b)そうした記号はどのように並んでいなければならないか,および,(c)カッコについての補足的な規則,の三つの部分からなる.(b)の**形成規則**は,少々抽象的でわかりにくいかもしれないが,その使い方については後で説明する.

(a) **使用する記号**
(i) 命題変項 $p, q, r, p_1, p_2, \ldots, q_1, q_2, \ldots, r_1, r_2, \ldots$

(添え字の数字は,いくら大きくなってもよい.)

(ii) 論理結合子　¬, ∧, ∨, →, ↔

(iii) カッコ　(,), [,], {, }

(b) 論理式の形成規則 (formation rules)

(i) 命題変項は論理式である.

(ii) もし A が論理式であるならば，$¬A$ は論理式である[1].

(iii) もし A と B が論理式であるならば，
$(A∧B), (A∨B), (A→B)$
はすべて論理式である.

この三つの規則によって論理式と判定できるものだけが，(命題論理の) 論理式である. ただし，'↔' は次の定義によって導入される. つまり，次の定義の右辺の代わりに，いつでも左辺を省略形として使ってよい.

(定義)　$(A↔B) =_{def} ((A→B)∧(B→A))$

(c) カッコについての規則

(i) 論理式の**一番外側**のカッコは省略してよい. ただし，省略する場合は，(当然のことながら) 左端と右端の (開きと閉じの) カッコを両方省略する.

(ii) カッコの種類は (左右一組で)，必要に応じて使い分けてよい.

(例)　$[(p∨q)→(¬r∧p)]→(q→p)$

1　命題論理の記号言語　023

(b)の(iii)ではカッコつきで論理式を定義し，(c)の(i)で「**一番外側のカッコは省略してよい**」としているのは，論理式の**内部**では，カッコがないとどこが先につながれているのかわからないが，**一番外側**についてはその心配がないからである．そこで例えば，(c)の(ii)の例に挙げた論理式で，中央付近にある '($\neg r \wedge p$)' という部分は，'$\neg r$' と 'p' が '$\wedge$' でつながれているのであって，'$r \wedge p$' に '$\neg$' がついているのではない．なぜなら，'($r \wedge p$)' が単独で現われるときには，カッコをとってもよいが，それにさらに '$\neg$' をつけるときには，もう一度カッコを復元して '$\neg(r \wedge p)$' と書かなければならないからである．

　さて，ここで一番重要なのは，(b)の**形成規則**である．その(i)によって論理式と認められている**単独の命題変項**から出発して，形成規則の(ii)と(iii)とを繰り返し適用してゆけば，先の例のような複雑な論理式が，いくらでもできるのである．では，この例の論理式はどのように作られたのかを見てみよう．

(1) 'p', 'q', 'r' は論理式である．（形成規則(i)）
(2) '$p \vee q$', '$q \to p$' は論理式である．（(1)と形成規則(iii)）
(3) '$\neg r$' は論理式である．（(1)と形成規則(ii)）
(4) '$\neg r \wedge p$' は論理式である．（(1)，(3)と形成規則(iii)）
(5) '$(p \vee q) \to (\neg r \wedge p)$' は論理式である．（(2)，(4)と形

成規則(iii))
(6) '$[(p \vee q) \to (\neg r \wedge p)] \to (q \to p)$' は論理式である.
((2),(5)と形成規則(iii))

この(1)～(6)は,先の例の記号列が論理式であることの確認となっている. このように,ある与えられた論理式がどのように作られたかを見るためには (あるいは,それが論理式であることを確かめるには),その論理式を作るために**最後に何をしたか** (上の例では,'$(p \vee q) \to (\neg r \wedge p)$' と '$q \to p$' とを '$\to$' でつないだ) を見る. そして次に,そこでつなげられた各々の論理式 (あるいは '$\neg$' をつけられた論理式) を作るために**最後に何をしたか**, ……というように,次第に小さな部分へと分け入ってゆけば,最後には単独の命題変項に至る. それから,それまでの道を逆に引き返してゆけば,上の(1)～(6)のように整理した形で,もとの論理式の成り立ちを示すことができるのである. この「最後に何をしたか」は,今後も色々なところで重要となるであろう.

練習1 上の(1)～(6)にならって,次の記号列が論理式であることを確かめよ.

① $\neg(p \wedge q)$
② $(p \vee q) \to \neg(\neg p \wedge \neg q)$
③ $\{p \vee \neg[p \to (\neg q \to r)]\} \to [(p \wedge q) \to \neg r]$

1 命題論理の記号言語　025

「最後にした」操作に応じて、論理式は次のように呼ばれる.

> $\neg A$：A の**否定** (negation)
> $A \wedge B$：A と B の**連言** (conjunction)
> 　　　（A と B は、この連言の**連言肢** (conjuncts) と呼ばれる.）
> $A \vee B$：A と B の**選言** (disjunction あるいは alternation)
> 　　　（A と B は、この選言の**選言肢** (disjuncts) と呼ばれる.）
> $A \to B$：A を**前件** (antecedent)、B を**後件** (consequent) とする**条件法** (conditional)
> $A \leftrightarrow B$：A と B との**双条件法** (biconditional)
> 　　　（$A \leftrightarrow B$ は、「A ならば、そしてそのときに限って、B」と読まれる.）

なお、この呼び方は、その論理式によって「形式」が表現される具体的な命題（以下に述べる「具体的解釈」によって、その論理式からできる命題）にも適用される.

論理式と命題とを対応させる

さて、論理式は命題の「形式」を表現するものであった. 論理式に現われる命題変項に任意の具体的な命題を当てはめ

れば（そして，結合子をそれに対応する論理語として読めば），論理式は具体的な命題になる．論理式は，そのような命題の「形式」を表現しているのである．

このように，命題変項に具体的な命題を当てはめることを，その命題変項に対する「**具体的解釈**」と呼ぶことにする．（ただ「解釈」と呼んでもよいのだが，「解釈」ということばは後（第2章）で使うためにとっておく．）

例1 命題変項に，

p：風が吹く，
q：桶屋が儲かる

という具体的解釈を与えると，論理式 '$p \to q$' は「風が吹けば桶屋が儲かる」という命題となる．

このように，論理式と，命題変項に対する具体的解釈とが与えられれば，ただ一つの命題が決まる（語尾変化などの細かい点は別として）．しかし逆に，命題を指定しても，それによって論理式がただ一つに決まるわけではない．例えば「風が吹けば桶屋が儲かる」という命題に対して，上の例のような論理式を与えることもできるが，ただ 'p' という論理式を当てることもできる．その場合，命題変項 'p' に対する具体的解釈は，「風が吹けば桶屋が儲かる」という命題全体となる．このように，詳しく見るか大ざっぱに見るかによって，

1 命題論理の記号言語　027

命題の「形式」は様々な仕方で表現できる．しかしもちろん，命題の論理的な性質をできるだけ詳しく調べるためには，その命題をなるべく細かい部分に分析し，できるだけ豊かな構造をもった論理式によって，その命題の形式を表現するのがよい．もう少し複雑な例も考えてみよう．

例 2 命題変項に，

p：地球環境がひどくなる
q：資源が枯渇する
r：人類の生存は危うくなる

という具体的解釈を与えたとき，論理式 '$(p \lor q) \to r$' は，「もし地球環境がひどくなるか，または資源が枯渇するならば，人類の生存は危うくなる」という命題となる．これは，「地球環境がひどくなるか，または資源が枯渇する」という**選言**を**前件**とし，「人類の生存は危うくなる」という命題を**後件**とする，**条件法**である．

例 3 命題変項に，

p：太郎はよく勉強する
q：太郎は卒業できる

という具体的解釈を与えたとき，論理式 '$(p \to q) \land (\neg p \to$

¬q)' はどのような命題になるだろうか？　まずは，「もし太郎がよく勉強するならば，太郎は卒業でき，そして，もし太郎がよく勉強しないならば，太郎は卒業できない」といったところであろう．しかし，この命題の「……卒業でき，そして，」という部分は，「……卒業できるが，しかし，」の方が自然であろう．「しかし」（「……のに」，「……が」）もまた「連言」の働きをする．なぜなら，「しかし」は「そして」と同じく，そのことばによってつなげられる二つの命題の**両方を主張する**（したがって，両方が真のときだけ全体も真となる——第2章参照）ような命題を作るからである．もちろん，「そして」は順接，「しかし」は逆接の接続詞として区別されるが，その区別は，つなげられる二つの命題の**内容**に基づく区別である．しかし論理学は，そうした**内容には関わりなく**，命題の**真偽**だけを問題とする．命題の真偽だけに関する限り，「そして」と「しかし」は同じ働き（すなわち「連言」を作る働き）をするのである．逆に言えば，具体的解釈によって論理式から命題を作るとき，'∧' に「そして」を当てるか「しかし」を当てるかは，それによってつなげられる命題の内容に応じて，自然な日本語となる方を選べばよいのである．そこで先の命題は，「もし太郎がよく勉強するならば，太郎は卒業できるが，しかし，もし太郎がよく勉強しないならば，太郎は卒業できない」とすることができる．

　だが，これでも日本語の文としては，「太郎」が4回も出てきて，あまり〈美しく〉ない．そこでもっと自然な形にして，「太郎は，もしよく勉強すれば卒業できるが，よく勉強しなけ

1　命題論理の記号言語　029

れば卒業できない」とでもした方がよい（美しい？）であろう．そして逆に，いきなりこの命題が与えられたとき，その「形式」が先の論理式によって表現されることを，見てとれるようになっていただきたい．

練習2 命題変項に

p：君の熱が下がった
q：君のセキが止まった
r：君のカゼがなおった

という具体的解釈を与えたとき，次の論理式がどのような命題になるかを，なるべく自然な日本語で答えよ．

① $\neg p \to \neg r$
② $(p \land \neg q) \to \neg r$
③ $(p \land q) \to r$
④ $r \to (p \lor q)$

練習3 次の命題の論理的な構造をなるべく詳しく表現するような（命題論理の）論理式を書き，その場合の命題変項に対する具体的解釈を示せ．

① もし太郎が既に大学を卒業したのならば，彼は就職しているか，または大学院に行っている．

② もしあなたが日本国籍をもっているか,または日本国籍をもっている人と結婚しているならば,あなたは日本に永住することができる.
③ もし今年の西暦年数が,4で割り切れ,かつ,100で割り切れないかまたは400で割り切れるならば,そしてそのときに限って,今年はうるう年である[2].(「……ならば,そしてそのときに限って」は,双条件法の読み方である.)

複雑な事例

　命題が複雑で微妙なものになってくると,日常言語ではその論理的な構造を明確に表現することが難しくなってくる.いまの練習3-③でも,「かつ」が「または」よりも大きな切れ目であることを示すために,読点の入れ方を工夫した.もしも「……4で割り切れかつ100で割り切れないか,または400で割り切れるならば,……」と書いたならば,論理式は違うものとなるであろう.(この場合の答えは,'$[(p_1 \land \neg p_2) \lor p_3] \leftrightarrow p_4$' となる.③の答えはこれとは違う.しかし,この例に関しては,数学的な事情によって,実はどちらも同じことになってしまう.)

　また,かなり微妙で紛らわしい例として,自動車の保証期間についての次のような書き方がある.

　　　3年間または走行距離 60,000 km まで保証.

1　命題論理の記号言語

これは,「3年以内であるか**または**60,000 km 以下であるならば,保証される」と読むのが普通ではないかと思う. つまり,「3年以内」という条件と「60,000 km 以下」という条件のうちの, 少なくとも一方が成り立っている限り保証される, というふうに, したがって, たとえ3年以上経っていても, 走行距離が 60,000 km 以下ならば（あるいはその逆の場合でも）保証される, と読まれると思う.（その場合の論理式は, '$(p \vee q) \rightarrow r$'. ただし, 具体的解釈は, p：この車の経過年数は3年以内である. q：この車の走行距離は 60,000 km 以下である. r：自動車会社はこの車を保証する.）

　しかし, 自動車会社の読み方は違う. 自動車会社の読み方では,「3年まで保証するか, **または**, 60,000 km まで保証する」ということになる.（その場合の論理式は, '$(p \rightarrow r) \vee (q \rightarrow r)$'.）つまり, 二つの保証の仕方のうちの**どちらか**をしますよ, ということらしい. すると, 仮に走行距離はわずかでも, 3年経ってしまうと, 既に一方の仕方の保証は終わったので, 約束は果たした, したがってもう保証はしない, ということになるのである. たしかに, 初めの書き方をこのように読めないことはないが, 相当紛らわしいのは確かである. そして, 日常言語で書くと紛らわしくなりがちなこのような場合でも, 論理式で表現するならば, 明確に区別することができるのである. この話は, 第3章でもう一度取り上げる.（ちなみに, 最近ではもっとわかりやすく,「保証期間は3年間. ただしその期間内でも 60,000 km まで」といった書き方をしている会社もある.）

もっと複雑な例としては、次の命題を考えてみよう。

> もし太郎が毎日酒を飲んで夜更かしをしているならば、体調を崩すだろうし、また、もしタバコをやめるか減らすかしないならば、長生きできない。

この命題で、「また、もしタバコを……」以下の部分が、「もし太郎が毎日酒を飲んで……」で始まる条件のもとで言われているのか、それとも、それとは独立のこととして言われているのかが、あまりはっきりしない。その二つの読み方を論理式で表現すれば、次のようになる。

(a) $(p_1 \wedge p_2) \rightarrow \{p_3 \wedge [\neg(p_4 \vee p_5) \rightarrow \neg p_6]\}$
(b) $[(p_1 \wedge p_2) \rightarrow p_3] \wedge [\neg(p_4 \vee p_5) \rightarrow \neg p_6]$

(ここでの $p_1 \sim p_6$ に対する具体的解釈を考えてみよう。)これらの論理式を見れば、その構造上の相違は明らかである。このように、記号論理学の論理式による表現は、日常言語ではあまりはっきりしない命題の論理的構造を明確にする上で、役に立つのである。

2 真理値分析とトートロジー

真 理 関 数

　ある論理式があったとき，そこに現われる命題変項にどのような具体的解釈が与えられるかは，差し当たりわからないので，命題変項に具体的解釈として与えられる命題が真になる場合も偽になる場合もあるものと，考えておかなければならない．命題論理の基本的な考え方は，それぞれの命題変項に「真」，「偽」という二つの「値」（これらを**真理値**（truth-values）と言う）を割り振ったときに，論理式全体の真理値がどうなるかを調べることである．命題変項にどのような具体的解釈が与えられるにせよ，具体的解釈として与えられる命題は必ず真か偽なのだから，もし，すべての命題変項に割り振られる真理値の**どのような組み合わせ**に対しても（もし命題変項が n 個あれば，それらに真理値を割り振るすべての組み合わせの数は，2^n である），論理式全体が真となるならば，命題変項に具体的解釈を与えることによってその論理式からできる命題は，**論理的真理**である．

　しかし，このような方法が可能であるためには，一つの重要な条件がある．それは，**論理結合子を作用させてできる命題（あるいは論理式）の真理値が，もとの命題（あるいは論理式）の真理値だけによって決まる**，という条件である．例えば，$A \wedge B$ の真理値は，**A や B の内容によらず**，A と B

の**真理値だけ**によって決まらなければならない．この条件を満たす場合，その論理結合子は**真理関数**（truth function）である，あるいは**真理関数的**（truth-functional）であると言う．'¬'，'∧'，'∨' が真理関数的であることは，直観的に容易に納得できよう．それらによって作られる命題（あるいは論理式）の真理値は，次の**真理表**（truth tables）によって簡潔に表現することができる．次の真理表では，まず一番左に，結合子を適用する前の論理式の，あらゆる可能な真理値の組み合わせを列挙し，右側には，それぞれの可能性に対して，結合子を適用した後の論理式の真理値が示されている．ただし，真と偽は 'T' と '⊥' で表わすことにする．ある結合子について，確定した真理表を書くことができるということは，その結合子は真理関数的である，ということを意味する．

'¬' の真理表

A	$\neg A$
T	⊥
⊥	T

'∧' と '∨' の真理表

A	B	$A \wedge B$	$A \vee B$
T	T	T	T
T	⊥	⊥	T
⊥	T	⊥	T
⊥	⊥	⊥	⊥

例えば右側の真理表の 2 行目は，A が真で B が偽のとき，$A \wedge B$ は偽であり，$A \vee B$ は真であることを意味する．

ここで，「または」について，ひとこと注意しておく．日常語の「または」には，二通りの使い方がある．それは，A も

2 真理値分析とトートロジー 035

B も真であるとき,「A または B」を真ととるか偽ととるかの違いである. 例えば, 子供に「ケーキかおもちゃを買ってやる (ケーキを買ってやるか, **または**, おもちゃを買ってやる)」と約束する親は, 両方買ってやることは考えていない. それと同じように, もし「A または B」を,「A と B のうちのどちらか一方だけが真である」というふうに, 強く二者択一的にとるならば (英語の 'either ... or ...' にあたる), A も B も真であるとき,「A または B」は偽となる. このように使われる「A または B」を**排反的選言** (exclusive disjunction) と呼ぶ. それに対して, 例えば「$(a-b)(a+b)=0$ ならば, $a-b=0$ であるか, または, $a+b=0$ である」という場合の「または」は,「$a-b=0$」と「$a+b=0$」の両方が真 (つまり, a も b も 0) である場合を排除していない. すなわち, A も B も真であるとき,「A または B」は真とされている. このように使われる「A または B」を**非-排反的選言** (non-exclusive disjunction) と呼ぶ. 論理学では通常, 後者の非-排反的選言を採用する. 上の真理表で '∨' に対応するのも, 非-排反的選言である.

「ならば」をどうするか

さて, これで '¬', '∧', '∨' がどのような真理関数を表現するかは決まったが, まだ '→' が残っている. そして少々厄介なのは,「ならば」の日常的な使い方が「真理関数的」であるとは言い難い, ということである. 例えば,「A も B も

真であるとき,「A ならば B」は真なのか,それとも偽なのか?」と問われても,一概には答えられない.日常的な直観では,「場合によっては真,場合によっては偽」といったことになるであろう.例えば,「もし「大学院の充実」とは大学院生の数を増やすことであるならば,大学院の充実は大学院のレベル低下をもたらす」(前件も後件も――残念ながら――真であるようだ)は真と考えられる(と思う)が,「もし2+3が5であるならば,海水は塩辛い」(やはり,前件も後件も真――特に残念ではないが)を,人は普通,真とは考えないであろう.要するに,日常的な使い方では,「A ならば B」は,前件と後件の真理値だけによってではなく,前件と後件の間の**内容的なつながり**によって,真とされたりされなかったりするのである.

しかし,記号論理学の強みは,論理結合子が真理関数的であることに大きく依存している.そこで,「ならば」の日常的な使い方との少々のずれには目をつぶって,'→' は次のような真理表をもつ「真理関数的」な結合子として使うものと約束する.

\'→\' の真理表		
A	B	$A \to B$
⊤	⊤	⊤
⊤	⊥	⊥
⊥	⊤	⊤
⊥	⊥	⊤

2 真理値分析とトートロジー

「目をつぶる」ことに対して多少の弁明をしておこう.「A ならば B」を,「A であるのに B でない,ということはない」と言い換えるならば,この真理表がそれほど不自然ではないことが(これから述べる「真理値分析」の方法によって)わかる.また,いくつかの結合子に関する極めて自然な推論規則と,真理値についてのやはり極めて自然な基本的性質を認めると,この真理表を導き出すことができる[1]. そして実際,論理学において「ならば($\to$)」に要求されるのは,(1)A と $A \to B$ を前提とする論理的に正しい推論によって,B を導き出すことができること,および,(2)A から論理的に正しい推論によって B が導き出せるときには,$A \to B$ が論理的真理になること,の2点だけであり,その二つの要求を,この真理表によって指定された '$\to$' は満たしているのである.こうして,われわれが扱うすべての論理結合子が「真理関数」となった.

上の真理表の特徴は,**$A \to B$ が偽となるのは A が真で B が偽のときだけだ**,ということである.言い換えれば,もし **A が偽**であれば,それだけで(B の真理値によらずに)$A \to B$ は真だということがわかり,また **B が真**であれば,それだけで(A の真理値によらずに),やはり $A \to B$ は真だということがわかるのである.この特徴は,第3章で「タブロー」を導入するときに,利用することになる.

さて,条件法の真理表を上のように約束すると,双条件法 '$\leftrightarrow$' の真理表を,'$\leftrightarrow$' の定義にしたがって,導き出すことができる.$A \leftrightarrow B$ は,次のように定義されていた(23ページ.

ただしここでは,両辺それぞれの一番外側のカッコを省略してある).

$$A \leftrightarrow B =_{\text{def}} (A \rightarrow B) \wedge (B \rightarrow A)$$

そこで,双条件法 $A \leftrightarrow B$ の真理表を導き出すには,まず $A \rightarrow B$ と $B \rightarrow A$ の真理表を書き,その結果に '$\wedge$' の真理表を適用すればよい.$A \rightarrow B$ の真理表は,上の真理表と全く同じであるが,$B \rightarrow A$ の真理表は,**B が真で A が偽のときだけ偽**で,それ以外の行はすべて真であることに,注意してほしい.そして,一番右の $A \leftrightarrow B$ の真理表は,$A \rightarrow B$ と $B \rightarrow A$ の真理表に '$\wedge$' の真理表を適用したものである.すなわちそこでは,$A \rightarrow B$ と $B \rightarrow A$ の両方が真の行だけが真であり,どちらか一方でも偽の行は,偽となっている.

\multicolumn{5}{c}{'$\leftrightarrow$' の真理表}
A	B	$A \rightarrow B$	$B \rightarrow A$	$A \leftrightarrow B$
⊤	⊤	⊤	⊤	⊤
⊤	⊥	⊥	⊤	⊥
⊥	⊤	⊤	⊥	⊥
⊥	⊥	⊤	⊤	⊤

この真理表からわかるように,$A \leftrightarrow B$ は,A も B も真であるか,または A も B も偽であるとき(つまり,A と B との**真理値が一致するとき**)に真であり,そうでないときに偽となる.

2 真理値分析とトートロジー

論理学では,「暗記」する必要がある事柄は多くはないが, 五つの結合子 '¬', '∧', '∨', '→', '↔' がどのような真理表をもっているかは, きちんと記憶しておくと, これ以後の話の理解がスムーズになるであろう.

真理値分析

　以上で, すべての論理結合子が真理関数となり, そして, それぞれの結合子がどのような真理表をもつかが確定した. そこで, それらの真理表を利用して, 任意の論理式について, 命題変項に対する真理値の様々な割り振り（それを, 命題変項に対する**解釈**と言う）において, その論理式がどのような真理値をとるかを, 調べることができる（すぐ後で, 実際にやってみる）. その手続きを**真理値分析**（truth-value analysis）と呼ぶ. そして, 命題変項に対するどのような解釈においても真となる論理式を, **トートロジー**（tautology）と言う. トートロジーである論理式に対して, その命題変項に具体的解釈を与えてできる命題（それもまた「トートロジー」と呼ぶことがある）は, 論理的真理である.

　条件法 $A{\to}B$ がトートロジーであるときには, A は B を**含意**（imply）すると言うが, それは, A が真であれば**必ず** B も真だ, ということである. また, 双条件法 $A{\leftrightarrow}B$ がトートロジーであるときには, A と B は**等値**（equivalent）であると言うが, それは, A と B の真理値は**必ず**一致する（言い換えれば, A と B の真理表は同じになる）, ということである.

真理値分析のやり方はいくつかあるが，ここでは再び「真理表」を使うことにする．ある論理式が与えられたとき，そこに現われるすべての命題変項に対するすべての解釈を一番左に並べ，それぞれの解釈においてその論理式がどのような真理値をとるかを，先の論理結合子の真理表にしたがって調べるのである．つまり，先ほど双条件法の真理表を導き出したときと，同じことである．

　論理式に現われる命題変項が1個のときは，真理表は2行，命題変項が2個ならば4行，3個ならば8行，……と，命題変項が1個増えるごとに，真理表の行数は2倍になってゆく．複雑な論理式の場合には，形成規則（23ページ）にしたがってその論理式を作ってゆく段階を追って，真理値を調べることになる．いくつかの例で，そのやり方を見てみよう．

例　次の論理式①～③の真理値分析を行ない（真理表を作り），トートロジーであるか否かを判定してみる．

① $p \to (p \vee q)$
② $\neg (p \wedge \neg q)$
③ $[(p \to q) \wedge (q \to r)] \to (p \to r)$

① $p \to (p \vee q)$

p	q	$p \vee q$	$p \to (p \vee q)$
T	T	T	T
T	⊥	T	T
⊥	T	T	T
⊥	⊥	⊥	T

↑すべてTである．

したがって，'$p \to (p \vee q)$' はトートロジーである．

　先に双条件法の真理表の書き方を説明したので，この真理表の書き方について，さらに説明を加える必要はないと思うが，ひとことだけ補足するならば，一番右の列では，'p' が真で '$p \vee q$' が偽である行だけが偽となり，それ以外の行はすべて真となる．そして実際には，'p' が真なのに '$p \vee q$' が偽であることはありえず，したがって偽となる行がなかったわけである．

② $\neg(p \wedge \neg q)$

p	q	$\neg q$	$p \wedge \neg q$	$\neg(p \wedge \neg q)$
⊤	⊤	⊥	⊥	⊤
⊤	⊥	⊤	⊤	⊥
⊥	⊤	⊥	⊥	⊤
⊥	⊥	⊤	⊥	⊤

↑すべてが⊤ではない.

したがって, '$\neg(p \wedge \neg q)$' はトートロジーではない.

ここで '$\neg q$' の列の各行は, 'q' の列の各行の真理値の反対となり, '$p \wedge \neg q$' の列では, 'p' と '$\neg q$' の両方が真の行だけが真となり, 最後の '$\neg(p \wedge \neg q)$' の列は, '$p \wedge \neg q$' の列の真理値の反対となる. もう, 真理表の書き方はマスターできたであろう.

(注意) この真理表は, '$p \rightarrow q$' の真理表と一致する. 先ほど, 「A ならば B」を「A であるのに B でない, ということはない」と言い換えるならば, 条件法の真理表はそれほど不自然ではない, と述べたが, '$\neg(p \wedge \neg q)$' は '$p \rightarrow q$' の, そのような言い換えになっている.

2 真理値分析とトートロジー 043

③　$[(p \to q) \land (q \to r)] \to (p \to r)$
　　（命題変項が3個あるので，真理表は8行になる．）

p	q	r	$p \to q$	$q \to r$	$(p \to q) \land (q \to r)$	$p \to r$	③
⊤	⊤	⊤	⊤	⊤	⊤	⊤	⊤
⊤	⊤	⊥	⊤	⊥	⊥	⊥	⊤
⊤	⊥	⊤	⊥	⊤	⊥	⊤	⊤
⊤	⊥	⊥	⊥	⊤	⊥	⊥	⊤
⊥	⊤	⊤	⊤	⊤	⊤	⊤	⊤
⊥	⊤	⊥	⊤	⊥	⊥	⊤	⊤
⊥	⊥	⊤	⊤	⊤	⊤	⊤	⊤
⊥	⊥	⊥	⊤	⊤	⊤	⊤	⊤

　　　　　　　　　　　　　　　　　　　　　↑
　　　　　　　　　　　　　　　　　　すべて⊤である．

したがって '$[(p \to q) \land (q \to r)] \to (p \to r)$' はトートロジーである．

　行数が増えてくると，「すべての解釈」を尽くしているかどうかに，気をつけなければならない．そのためには，行の並べ方を体系的にするのがよい．この本では，①命題変項が1個ならば，もちろん，その命題変項が真と偽との2行，②後は，命題変項が1個増えるたびごとに，**もとからあった1行を，新しい命題変項が真の行と偽の行との2行に分ける**，という方針をとっている．そうすれば，「すべての解釈」を尽く

すことができる.そのやり方では,上の真理表のように 'p',
'q', 'r' の3個の命題変項がある(8行の)場合,'p' は上半分
で真,下半分で偽,'q' は,それぞれの「半分」の中で,上半
分は真,下半分は偽,'r' は,真,偽,真,偽の繰り返しとな
る.

練習1 次の論理式の真理値分析を行ない(真理表を書
き),トートロジーであるか否かを判定せよ.

① ¬p→(p→q)
② (p∧q)→(p∨q)
③ (p→¬q)→(¬p→q)
④ [(p→q)∧¬q]→¬p
⑤ ¬¬p→p

すべての真理関数を表現する

この章では,'¬', '∧', '∨', '→', '↔' という5個の論理結
合子を考察してきた.そしてそれらの結合子は,日常言語に
おけるいくつかの「論理語」から出発し,場合によっては日
常言語とのズレに多少「目をつぶって」,それぞれ固有の真理
表によってその働きが表現されるような「真理関数」として,
捉えられたのであった.しかし,初めの論理語の選び方に
は,ある種の偶然的な面がある.例えば,「A かつ B」とか
「A または B」は選ばれたのに,なぜ,例えば「A でも B で

もない」は選ばれていないのか？

「A でも B でもない」を「$A \downarrow B$」と書くとすれば，その真理表は次のようになるであろう．

A	B	$A \downarrow B$
T	T	⊥
T	⊥	⊥
⊥	T	⊥
⊥	⊥	T

つまり，'$\downarrow$' は一つの立派な「真理関数」なのである．これまでこのような真理関数を無視してきたが，それは片手落ちなのではないか？　このような疑問が生じても無理はない．

だが，少し考えてみれば明らかだと思うが，「A でも B でもない」ということは，「A でなく，かつ，B でない」ということであり，$A \downarrow B$ は，$\neg A \wedge \neg B$ と等値である（それらの真理表は一致する）．このように，'$\downarrow$' の働きを，'$\neg$' と '$\wedge$' によって表現することができるのである．したがって，これまで考察してきた結合子に加えて，'$\downarrow$' という結合子を導入することは，どうしても必要だというわけではない．

そしてさらに，実は，'$\neg$'，'$\wedge$'，'$\vee$' の三つの論理結合子を使えば，**任意の真理関数を表現することができる**．「任意の真理関数」とは，例えば二つの論理式をつなぐような結合子（ここでは '*' と書くことにする）だけに限れば，次の真理表の '−' のところに 'T' と '⊥' のどちらかを入れる，任意

の入れ方だと言ってよい．（そのような入れ方は，$2^4=16$ 個ある．）

A	B	$A*B$
⊤	⊤	―
⊤	⊥	―
⊥	⊤	―
⊥	⊥	―

そうした16個の真理関数のうちの4個に対して，'∧'，'∨'，'→'，'↔' という特定の結合子を割り当ててきたわけである．そして，「任意の真理関数」を表現できるというのは，残りの12個について，上の '↓' の場合のように，'¬'，'∧'，および '∨' だけを使って，同じ真理表を再現することができる，ということである．しかも，つながれる論理式の数は，いくつでもよい．n 個の論理式をつなぐ真理関数的結合子 $f(A_1, A_2, \ldots, A_n)$ ——例えば，「A_1 でも A_2 でも ……A_n でもない」——があったとすれば，それがどのような真理関数であるかを表現する真理表は，2^n 行になるが，そのような**任意**の真理表を，'¬' と '∧' と '∨' だけで構成できるのである．そのやり方は，次の通りである．

もし，真理表のすべての行が '⊥' であるならば（つまり，「矛盾」という真理関数の場合には），$f(A_1, A_2, \ldots, A_n)$ として，$A_1 \wedge \neg A_1$ をとればよい．（もし，「$A_1 \wedge \neg A_1$ には，$A_2, A_3, \ldots, A_n$ が出てこないではないか」と言われるな

2 真理値分析とトートロジー

ら，「$A_1 \wedge \neg A_1$ は，$A_1, A_2, \ldots, A_n$ の真理値によらずに，偽になるではないか」と答えればよい．あるいは，真理表のすべての行が偽となる形であれば，何を選んでもよい．）

少なくとも一つの行が 'T' である場合には，次のように考える．

(1) まず，'T' となっている一つの行に注目し，その行が，$A_1, A_2, \ldots, A_n$ のそれぞれに対して，どのような真理値を割り当てている行であるか（真理表の左側）を見る．そして，それぞれに割り当てられている真理値に応じて，次のような連言を作る．

$$(\cdots(A_1 \wedge \neg A_2) \wedge \cdots) \wedge \neg A_n \text{ [2]}$$

ただしここでは，A_1 には真，A_2 には偽，……，A_n には偽という真理値が割り当てられていたとする．要するに，A_k ($1 \leq k \leq n$) に割り当てられた真理値が真ならばそのまま A_k を，偽ならば否定記号をつけて ($\neg A_k$)，すべてを連言でつなぐのである．このような連言の真理表は，**その行だけが** 'T' で，他のすべての行が '⊥' となることは，明らかであろう．

(2) 上の(1)の作業を，'T' となっているすべての行について行ない，そうしてできる連言を，今度は選言でつなぐ．そうしてできた**連言の選言**の真理表は，初めに選んだ任意の真理関数と一致する．そしてそのために使ったのは，'¬'，'∧'，および '∨' だけである．

$n=3$ の場合の一例を挙げておこう.

A_1	A_2	A_3	$f(A_1, A_2, A_3)$
⊤	⊤	⊤	⊥
⊤	⊤	⊥	⊤
⊤	⊥	⊤	⊥
⊤	⊥	⊥	⊥
⊥	⊤	⊤	⊥
⊥	⊤	⊥	⊤
⊥	⊥	⊤	⊤
⊥	⊥	⊥	⊥

この真理表では, 2, 6, 7 行目の 3 行が '⊤' となっている. そこで, この真理表をもつ真理関数 $f(A_1, A_2, A_3)$ は, 次のように表現できる.

$$\{[(A_1 \wedge A_2) \wedge \neg A_3] \vee [(\neg A_1 \wedge A_2) \wedge \neg A_3]\} \\ \vee [(\neg A_1 \wedge \neg A_2) \wedge A_3]$$

論理結合子はいくつ必要か？

さて, こうしてあらゆる真理関数を, '¬', '∧', および '∨' だけで表現できることがわかったが, しかしさらに, '∨' は '¬' と '∧' で, また '∧' は '¬' と '∨' で, 表現することができる. なぜなら, $A \vee B$ は, $\neg(\neg A \wedge \neg B)$ と等値であ

2 真理値分析とトートロジー 049

り，$A \wedge B$ は，$\neg(\neg A \vee \neg B)$ と等値だからである．

練習2 $A \vee B$ と $\neg(\neg A \wedge \neg B)$，$A \wedge B$ と $\neg(\neg A \vee \neg B)$ とが等値であることを，真理表を使って確かめよ．（ヒント：前（40ページ）に述べたように，二つの論理式が等値であるとは，それらの真理表が同じになるということである．）

そこで，'$\neg$'，'$\wedge$'，および '$\vee$' の三つの結合子のうち，すべての真理関数を表現するのに必要なのは，本当は二つだけ（'$\neg$' と '$\wedge$'，または '$\neg$' と '$\vee$'）なのである．

しかもさらに，少々驚くべきことに，前に取り上げた '$\downarrow$' **一つだけ**で，すべての真理関数を表現することができる．そのことを示すには，'$\downarrow$' だけで，'$\neg$' と '$\wedge$'（または '$\neg$' と '$\vee$'）が表現できることを示せば十分であろう．なぜなら，それら二つの結合子によってすべての真理関数が表現できることは，既にわかっているからである．そして，'$\neg$' と '$\wedge$' は，次のようにして '$\downarrow$' だけで表現することができる．すなわち，$\neg A$ は $A \downarrow A$ と等値であり，$A \wedge B$ は，$(A \downarrow A) \downarrow (B \downarrow B)$ と等値なのである．

練習3
① $\neg A$ と $A \downarrow A$，$A \wedge B$ と $(A \downarrow A) \downarrow (B \downarrow B)$ とが等値であることを，真理表を使って確かめよ．（ヒント：$A \downarrow A$ の真理表は，A が真の場合と偽の場合の2行

からなる．それらの2行がどのような真理値をもつかは，先の $A \downarrow B$ の真理表によって決まる．）
② $A \wedge B$ と同様，$A \vee B$ も，'$\downarrow$' を3回使って表現できる．どのようにすればよいか？

ただ一つの結合子だけですべての真理関数を表現できるものとしては，いまの '$\downarrow$' の他に，次のような真理表をもつ '$|$' がある．「$A|B$」は，「A かつ B，ではない」と読める．

A	B	$A|B$
T	T	⊥
T	⊥	T
⊥	T	T
⊥	⊥	T

'$\downarrow$' と '$|$' を合わせて，その発見者（H. M. Sheffer）にちなんで「**シェッファー・ストローク**」と呼ぶ．

練習4 '$|$' だけを使って，$\neg A$，$A \wedge B$，および $A \vee B$ を表現せよ．

このように，シェッファー・ストロークが（どちらか）一本あれば，すべての真理関数を表現するのに十分である．しかし，実用上の観点から言えば，シェッファー・ストロークだけでやってゆくのは極めて不便であり，日常言語での様々

な判断との対応をつけることも，非常に難しくなる．そこで今後とも，'¬'，'∧'，'∨'，'→'，'↔' という5個の論理結合子を使うことにする．いずれにせよ，それら（のうちのいくつか）によって，すべての真理関数を表現することができるのである．

3 命題論理のタブロー

命題論理においては，いかなる論理式についても，前章の「真理値分析」の方法を使って，それが**トートロジーであるか否かを有限で機械的な手続き**によって確かめることができる．すなわち，任意の論理式がトートロジーであるか否かを，決められた手順を有限回繰り返すことによって，必ず確かめることができる．このことを，「命題論理は**決定可能**（decidable）（あるいは，**実効的に決定可能**（effectively decidable））である」と言う．そしてその際の機械的な手続きを，**（実効的な）決定手続き**（(effective) decision procedure）と呼ぶ．

しかし，第2部で扱う「述語論理」では，任意の論理式が「妥当（valid）」（「トートロジー」の概念を述語論理へと拡張したもの）であるか否かを，有限で機械的な手続きによって確かめることはできない（述語論理の「**決定不可能性**（undecidability）」）．だがそこでも，ある種の「証明」の方法が存在し，その方法によれば，妥当な論理式はすべて——そしてそれらのみが——「証明可能（provable）」である，ということがわかっている（述語論理の「健全性（soundness）」および「完全性（completeness）」，第2部第8章参照）[1]．

そのような証明の方法には様々なものがあるが，おそらく現在知られている最もスマートで習得が容易な方法は，「タ

ブロー（tableau）の方法」と呼ばれるものである．そこで，命題論理の範囲では実際には必要ないのだが，第2部への連続性を考えて，タブローの方法のうち命題論理に関する部分（論理結合子に関する部分）を，ここで取り上げることにする．命題論理と述語論理とは，並列する二つの体系ではなく，前者は後者の一部なのである．

準　備

　タブローの方法の基本的な考え方は，**ある論理式 A を証明するためには，A が偽であることはありえない，ということを示せばよい**，というものである．A が命題論理の論理式であれば，これは，A の真理値を偽とするような，命題変項に対する「解釈」がない，ということである．もちろんそれは，真理値分析でも示すことができるが，タブローの方法では，A は偽だ，という仮定から出発して矛盾が出てくるかどうかを調べることになる．つまり，「帰謬法（reductio ad absurdum）」による証明を行なうのである．

　まず，任意の論理式 A, B について真理表から帰結する，次の8個の事実に注目する．（これらはすべて，ある論理式の真理値から，**それよりも結合子の数が少ない論理式の真理値を導く**——つまり，真理表を**右から左に見る**——ようになっていることに注意．これらの事実が本当に成り立つかどうか，それぞれ自分で確認しよう．）

(1) a. $\neg A$ が真であれば，A は偽である．
    b. $\neg A$ が偽であれば，A は真である．
(2) a. 連言 $A \land B$ が真であれば，A も B も真である．
    b. 連言 $A \land B$ が偽であれば，A が偽であるか，または B が偽である．
(3) a. 選言 $A \lor B$ が真であれば，A が真であるか，または B が真である．
    b. 選言 $A \lor B$ が偽であれば，A も B も偽である．
(4) a. 条件法 $A \to B$ が真であれば，A が偽であるか，または B が真である．
    b. 条件法 $A \to B$ が偽であれば，A は真であり，そして B は偽である．

次に，タブローの中だけに登場するものとして，「**符号付きの論理式**」というものを導入する．それは，A を任意の論理式としたとき，$\top : A$ および $\bot : A$ という形の表現である．これらはそれぞれ，「A は真である」，「A は偽である」と読む．（しかし，$\top : A$ や $\bot : A$ を，論理式 A や B について語るための「メタ言語」の表現と考える必要はない．$\top : A$ は A の，$\bot : A$ は $\neg A$ の言い換えと考えればよい．そもそも「符号付きの論理式」は必要不可欠の道具ではなく，ただ，タブローの方法を考えやすくするための補助手段にすぎない．）

詳しい定義等は後回しにして，まずは実例を示し，説明を加えることにしよう．

例1 論理式 '$[(p \lor q) \land \neg p] \to q$' を証明するタブロー.

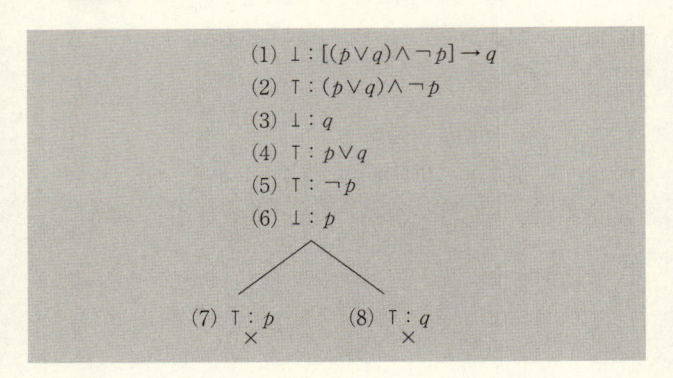

> (1) ⊥ : $[(p \lor q) \land \neg p] \to q$
> (2) T : $(p \lor q) \land \neg p$
> (3) ⊥ : q
> (4) T : $p \lor q$
> (5) T : $\neg p$
> (6) ⊥ : p
>
>   ╱   ╲
> (7) T : p (8) T : q
>   ×   ×

説明 まず，証明すべき論理式 '$[(p \lor q) \land \neg p] \to q$' が**偽であると仮定する**(1)．すると，ここで偽と仮定された論理式は '$(p \lor q) \land \neg p$' を前件とし 'q' を後件とする**条件法**であるので，先の事実(4)b から，その下の 2 行(2)と(3)が，(1)の「**直接の帰結**」として出てくる．次に(2)を見ると，これは T : $A \land B$ という形の符号付きの論理式である．先の事実(2)a により，ここからは T : A と T : B とが，やはり直接の帰結として出てくる．そこで(3)の下に，(4)と(5)を書く．(3)にはもう論理結合子が含まれていないので，そのままにしておく．(4)は T : $A \lor B$ という形であり，事実(3)a を考えるならば，そこからは A や B の真理値についての「直接の帰結」は出てこない．つまり，「必ずこうだ」と言えることはない．そこで先に(5)を見ておく．(5)は T : $\neg A$ という形

であり，事実(1)a より，(6)がその「直接の帰結」である．これにももう結合子が含まれていないので，後回しにしておいた(4)に戻る．事実(3)a により，'$p \vee q$' が真であれば，'p' が真であるか，**または** 'q' が真である．そこでこのタブローは，ここで(7)と(8)に「**枝分かれ**」する．（これは，「場合分け」をして考えることに相当する．）これで，結合子を含むがまだ利用していない（符号付きの）論理式はなくなった．

さてこのタブローは，初めの仮定からの，すなわち論理式 '$[(p \vee q) \wedge \neg p] \to q$' が偽であるという仮定からの，帰結の系列を示すものである．初めの仮定が真（つまり，証明すべき論理式が偽）であるとすると，もし「枝分かれ」がないならば，その系列のすべての要素（行）が真でなければならない．また，「枝分かれ」がある場合には，**出発点からそれぞれの枝の先端に至るいくつかの（ここでは二つの）系列**（それを「枝」と呼ぶことにする）**のうちの少なくとも一つにおける**，すべての要素が真でなければならない．そこで，まず左の枝を見てみると，その中に，(6)⊥：p と (7)⊤：p とがある．つまり，左の枝のすべての要素が真であるためには，'p' が偽であり，そして同時に真でもなければならない．これは明らかに矛盾であり，したがって左の枝のすべての要素が真であることはありえない．そこで '×' をつけて左の枝を「**閉じる**」．同様に右の枝には，(3)⊥：q と (8)⊤：q が含まれている．したがってその枝についても，そのすべての要素が真であることはありえないので，それも '×' をつけて「**閉じる**」．こうしてすべての枝が '×' で閉じられたならば，初めの仮定は

論理的に不可能であることがわかったことになる．つまり，証明すべき論理式 '$[(p \vee q) \wedge \neg p] \to q$' が偽となることはありえない，すなわちそれはトートロジーである，ということがわかったことになるのである．（このことは，第4章でもう少し詳しく，そして任意のタブローについて確認する．）

ここで，タブローを書くための一般的な規則を列挙する．その規則は，各々の結合子について二つずつあり，それぞれ，'⊤:' がつくものと '⊥:' がつくものからその帰結を導き出す規則である．（先の「8個の事実」に対応する．）

(1) a.
$$\frac{\top : \neg A}{\bot : A}$$
b.
$$\frac{\bot : \neg A}{\top : A}$$

(2) a.
$$\frac{\top : A \wedge B}{\begin{array}{c} \top : A \\ \top : B \end{array}}$$
b.
$$\frac{\bot : A \wedge B}{\bot : A \mid \bot : B}$$

(3) a.
$$\frac{\top : A \vee B}{\top : A \mid \top : B}$$
b.
$$\frac{\bot : A \vee B}{\begin{array}{c} \bot : A \\ \bot : B \end{array}}$$

(4) a.
$$\frac{\top : A \to B}{\bot : A \mid \top : B}$$
b.
$$\frac{\bot : A \to B}{\begin{array}{c} \top : A \\ \bot : B \end{array}}$$

規則(1)は，⊤:¬A から ⊥:A を，また ⊥:¬A から ⊤:A を，直接帰結させてよい，ということを意味する．**直接帰結させる**とは，(例えば) ⊤:¬A を通る枝に ⊥:A を付け加える，ということである．規則(2)は，⊤:A∧B からは ⊤:A と ⊤:B のどちらも直接帰結させてよいが，⊥:A∧B は，⊥:A と ⊥:B とに**枝分かれする**，ということを意味する．他も同様である．

直接帰結タイプと枝分かれタイプ

　上の 8 個の規則は，(イ)**直接帰結タイプ**と，(ロ)**枝分かれタイプ**に分けることができる．それはまた，符号付きの論理式（ただし，符号付きの単独の命題変項を除く）のタイプ分けでもある．

(イ)　**直接帰結タイプの（符号付きの）論理式**

⊤:¬A, ⊥:¬A, ⊤:A∧B, ⊥:A∨B, ⊥:A→B

(ロ)　**枝分かれタイプの（符号付きの）論理式**

⊥:A∧B, ⊤:A∨B, ⊤:A→B

この分類は，一見したところ少々ややこしく見えるかもし

れないが，ある形の論理式が真（あるいは偽）ということから，その構成要素（その論理式を形成する際の一歩手前の論理式）の真理値について何が言えるかを，それぞれの結合子の真理表を見ながら（あるいはしっかりと記憶して）少し考えてみれば，比較的容易に身につくと思う．

　さて，この分類を使って，先の8個の規則を整理し，「タブロー」を簡潔に定義することができる．そのために，次のように小文字のギリシア文字を導入することにしよう．

　直接帰結タイプの任意の論理式 α について，それに対応する α_1 および α_2 を，次のように定義する．α_1 と α_2 は α の**「直接の帰結」**である．（真理表を調べればわかるように，もし α が真であれば，α_1 も α_2 も真であり，またその逆も成り立つ．）

α	$\top : \neg A$	$\bot : \neg A$	$\top : A \wedge B$	$\bot : A \vee B$	$\bot : A \to B$
α_1	$\bot : A$	$\top : A$	$\top : A$	$\bot : A$	$\top : A$
α_2	$\bot : A$	$\top : A$	$\top : B$	$\bot : B$	$\bot : B$

同様に，枝分かれタイプの任意の論理式 β について，それに対応する β_1 および β_2 を，次のように定義する．β_1 と β_2 は，β からの「分枝」である．（やはり真理表により，もし β が真であれば，β_1 と β_2 のうちの**少なくとも一方**が真であり，またその逆も成り立つ．）

β	$\bot : A \wedge B$	$\top : A \vee B$	$\top : A \to B$
β_1	$\bot : A$	$\top : A$	$\bot : A$
β_2	$\bot : B$	$\top : B$	$\top : B$

命題論理のタブローを定義する

これらの記号を利用して，任意の**符号付きの論理式 X のタブロー**を，次のように定義する．

> **（命題論理の）タブローの定義**
>
> 符号付きの論理式 X のタブローとは，X から出発して，次の二つの操作を任意の回数（0 回を含む）適用した枝分かれ図である．
>
> (a) 「直接帰結タイプ」の論理式 α を含む枝の先に，α_1 または α_2 を付け加える．
> (b) 「枝分かれタイプ」の論理式 β を含む枝の先を，β_1 と β_2 に枝分かれさせる．

（注意）　この定義では，「直接帰結タイプ」の論理式が二つの「直接の帰結」をもつ場合，その一方だけを枝の先に付け加えたものも，一人前のタブローとなる．したがって，例えば第 1 の直接の帰結が出た段階でその枝が「閉じる」ことがわかった場合，第 2 の直接の帰結をさらに書き加える必要はない．

つまり，それを書き加えなくても，タブローを書いたことになる．

　この二つの操作は共に，**論理式に含まれる論理記号**（ここでは結合子）**の数を減らす**，という働きをもっている．枝分かれの場合でも，枝分かれした**それぞれの論理式**（β_1 と β_2）に含まれる論理記号の数は，枝分かれ前（β）よりも少ない．したがって，一本の枝に沿って（枝分かれ後もどちらか一本に沿って）これらの操作を次々と行なってゆく（ただし，同じ論理式に全く同じ操作を繰り返すことはしない）と，有限の段階の後に，もうそれ以上操作を続けることができなくなる．（すなわち，可能な操作はすべて行なったことになる．）そのような枝を，**完成した枝**と言う．もちろん，「完成」する前に枝が「閉じる」こともある．もし一つの枝の中に，⊤：A と ⊥：A とが現われたならば，たとえ A が単独の命題変項でなくても，したがって，さらに続けようと思えば⊤：A や⊥：A に「操作」を続けることができる場合でも，その枝に矛盾が含まれていることは既に明らかであり，したがって，その時点でその枝は閉じてよい．（上の例では，そのような場合は出てこなかった．）

　「閉じた枝」と「完成した枝」を，きちんと定義しておこう．

> **閉じた枝：**　同じ論理式 A について，⊤：A という形の論理式と ⊥：A という形の論理式とを，共に含む枝．

> **完成した枝**：その枝に含まれるすべての「直接帰結タイプ」の論理式について，そのすべての「直接の帰結」を含み，また，その枝に含まれるすべての「枝分かれタイプ」の論理式について，操作(b)を施してある枝．

閉じた枝が，同時に完成した枝でもある場合もある．

次に，この定義を利用して「閉じたタブロー」と「完成したタブロー」を定義する．

> **閉じたタブロー**：　すべての枝が「閉じた枝」であるタブロー．
> **完成したタブロー**：すべての枝が「閉じた枝」か「完成した枝」であるようなタブロー．

閉じたタブローはすべて，完成したタブローである．タブローを完成させるためには，論理記号が現われるすべての論理式に（それを通る，まだ閉じていないすべての枝において）先の「操作」を可能な限り適用しなければならない．そのことをチェックするために，（それを通る，まだ閉じていないすべての枝において）すべての可能な操作を行なった論理式には，その番号の前に「✓」のような印をつけてゆくのがよい．

タブローの「完成」について注意しておかなければならないのは，枝分かれタイプの論理式に対しては，それを通る（まだ閉じていない）**すべての**枝において枝分かれが行なわ

3　命題論理のタブロー　063

れていなければならない，ということである．例えば次のような，あるタブローの最後の部分を考えてみよう．

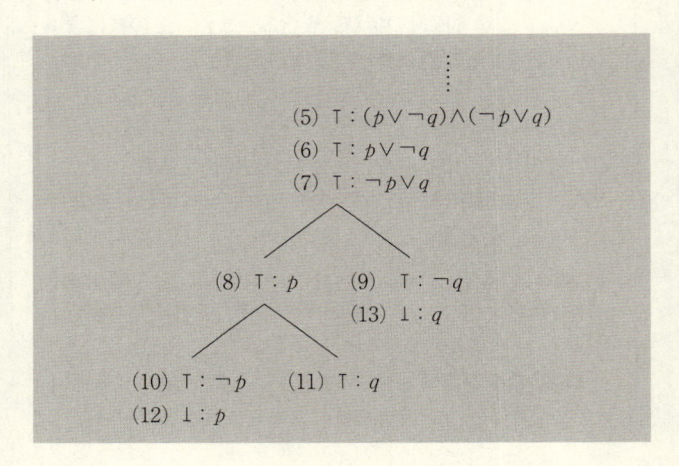

$$
\begin{array}{c}
\vdots \\
(5)\ \top : (p \vee \neg q) \wedge (\neg p \vee q) \\
(6)\ \top : p \vee \neg q \\
(7)\ \top : \neg p \vee q \\
\end{array}
$$

(8) $\top : p$　　(9) $\top : \neg q$
　　　　　　　　(13) $\bot : q$

(10) $\top : \neg p$　(11) $\top : q$
(12) $\bot : p$

ここでは，(5)の「直接の帰結」である(6)が枝分かれタイプの論理式であったので，(8)と(9)に枝分かれした．そして(7)も枝分かれタイプであり，(8)に至る枝の先では(10)と(11)への枝分かれの操作が行なわれたが，しかし(13)に至る枝の先では，まだ(7)に対する枝分かれの操作が行なわれていない．したがって，このタブローでは(7)に対する操作は既に1回は（左側の枝で）行なっているのだが，(13)に至る枝は，まだ「完成」していないのである．

「直接帰結タイプ」の論理式についても同様の注意が必要なのだが，実際上，次の方針にしたがってタブローを書いて

ゆけば、それは自動的に満たされる。すなわち、枝分かれタイプの論理式は後回しにして、直接帰結タイプの論理式の「直接の帰結」を先に書いてゆくのである。上の例1 (56ページ) において、(4)は枝分かれタイプだったので、先に(5)の「直接の帰結」を書いた。もし上からの順番通りに(4)に対する操作を先に行なうならば、タブローを完成させるためには、そこから枝分かれした**それぞれの**枝の中で、(5)から(6)を帰結させなければならないのである。しかし、一般に上の方針を採用することによって、このような無用の重複を避けることができる。

先に (62ページ)、一本の枝に沿って「操作」を続けてゆくと、その枝は有限の段階で必ず「完成」すると言ったが、タブロー全体についても、必ず有限回の操作で「完成」すると言える。なぜなら、個々の枝の長さが有限であれば、そのタブローの中にできる枝の数も有限だからである。有限数の枝の有限数の行を書く作業は、有限の段階で終わるのである。(これは、「述語論理」のタブローについては必ずしも成り立たない。第7章参照.)

タブローによる証明

> 論理式 A の「証明」とは、$\bot : A$ の閉じたタブローのことである。

3 命題論理のタブロー 065

いくつかの例を示そう.

例2 次の論理式①〜⑤を, タブローの方法で証明する.

① $p \to p$
② $[p \land (p \to q)] \to q$
③ $[(p \to q) \land (\neg p \to q)] \to q$
④ $[(p \to q) \land (p \to r)] \to [p \to (q \land r)]$
⑤ $[(p \to r) \land (q \to r)] \to [(p \lor q) \to r]$

① $p \to p$

   (1) $\bot : p \to p$
   (2) $\top : p$ (1)
   (3) $\bot : p$ (1)
     ×
    (2), (3)

（注意）これ以後, 上のように, 論理式の右側に, その論理式が出てくるもとになった論理式の番号を書き, '×' の下には, その枝の中で矛盾した（同じ論理式に '⊤ :' と '⊥ :' がつく, という意味で）論理式の番号を書く.

② $[p \wedge (p \rightarrow q)] \rightarrow q$

(1) $\bot : [p \wedge (p \rightarrow q)] \rightarrow q$
(2) $\top : p \wedge (p \rightarrow q)$ (1)
(3) $\bot : q$ (1)
(4) $\top : p$ (2)
(5) $\top : p \rightarrow q$ (2)

         (5)

(6) $\bot : p$ (7) $\top : q$
   ×   ×
 (4), (6)   (3), (7)

（注意） 枝分かれのもとになった論理式の番号は，上のように，枝分かれの山線の下に書くことにする．

3 命題論理のタブロー   067

③ $[(p \rightarrow q) \land (\neg p \rightarrow q)] \rightarrow q$

(1) $\bot : [(p \rightarrow q) \land (\neg p \rightarrow q)] \rightarrow q$
(2) $\top : (p \rightarrow q) \land (\neg p \rightarrow q)$ (1)
(3) $\bot : q$ (1)
(4) $\top : p \rightarrow q$ (2)
(5) $\top : \neg p \rightarrow q$ (2)

(4)

(6) $\bot : p$　　(7) $\top : q$
　　　　　　　　　×
　　　　　　　　(3), (7)

(5)

(8) $\bot : \neg p$　　(9) $\top : q$
(10) $\top : p$ (8)　　×
　×　　　　　(3), (9)
(6), (10)

④ $[(p \to q) \land (p \to r)] \to [p \to (q \land r)]$

(1) $\bot : [(p \to q) \land (p \to r)] \to [p \to (q \land r)]$
(2) $\top : (p \to q) \land (p \to r)$ (1)
(3) $\bot : p \to (q \land r)$ (1)
(4) $\top : p \to q$ (2)
(5) $\top : p \to r$ (2)
(6) $\top : p$ (3)
(7) $\bot : q \land r$ (3)

(4)

(8) $\bot : p$ (9) $\top : q$
×
(6), (8)

(5)

(10) $\bot : p$ (11) $\top : r$
×
(6), (10)

(7)

(12) $\bot : q$ (13) $\bot : r$
×   ×
(9), (12)   (11), (13)

3 命題論理のタブロー   069

⑤ $[(p \to r) \land (q \to r)] \to [(p \lor q) \to r]$

(1) $\bot : [(p \to r) \land (q \to r)] \to [(p \lor q) \to r]$
(2) $\top : (p \to r) \land (q \to r)$ (1)
(3) $\bot : (p \lor q) \to r$ (1)
(4) $\top : p \to r$ (2)
(5) $\top : q \to r$ (2)
(6) $\top : p \lor q$ (3)
(7) $\bot : r$ (3)

(4)

(8) $\bot : p$ (9) $\top : r$
                       ×
                 (7), (9)

(5)

(10) $\bot : q$ (11) $\top : r$
                       ×
                (7), (11)

(6)

(12) $\top : p$ (13) $\top : q$
  ×   ×
(8), (12)   (10), (13)

練習1 次の論理式をタブローの方法で証明せよ．

① $\neg p \to (p \to q)$
② $(p \to \neg q) \to (q \to \neg p)$
③ $[(p \to q) \land \neg q] \to \neg p$

④ $[(p\to q)\wedge(p\vee q)]\to q$

⑤ $[(p\vee q)\to r]\leftrightarrow[(p\to r)\wedge(q\to r)]$ （例2-⑤参照）

(注意) '↔' が現れる論理式のタブローは，その定義（23ページ）にしたがって書かれる論理式に書き直してから，書くことにしよう[2]．

⑥ $[(p\wedge q)\to r]\leftrightarrow[(p\to r)\vee(q\to r)]$

もう一度，自動車の保証期間の話

いまの練習1の⑤と⑥によって，'$(p\vee q)\to r$' と '$(p\to r)\wedge(q\to r)$'，および '$(p\wedge q)\to r$' と '$(p\to r)\vee(q\to r)$' が，**等値**であることが示された．そして，⑤の左辺と⑥の右辺は，それぞれ，自動車の保証期間についての「3年間または走行距離 60,000 km まで保証」という表現に対する，われわれ（ユーザー）の読み方と自動車会社の読み方として，前に挙げたものであった（31〜32ページ）．そこで，⑤と⑥の証明によって，われわれの読み方と会社側の読み方との違いが，かなりしっかりとわかるのではなかろうか．つまり，「どのような条件のもとで保証されるのか」という観点から⑤と⑥の左辺同士を比べてみれば，われわれとしては，「3年以内であるか，**または** 60,000 km 以下である」という条件のもとで保証される，と読むのに対して，会社側は，「3年以内であり，**かつ** 60,000 km 以下である」という条件のもとで保証される，と読んでいることになる．また，「3年以内ならば保証（$p\to r$）」と「60,000 km 以下ならば保証（$q\to r$）」という，二

つの保証の仕方のうちのどれが行なわれるのか，という観点から，⑤と⑥の右辺同士を比べてみれば，われわれは「両方やってもらえる」と考えているのに対して，会社側は「どちらか一方をやればよい」と考えていることが，わかるのである．

論理的に正しい推論

さて，A から B への推論が論理的に正しいことを示すには，$A \to B$ を証明すればよかった．しかし，そのためにはまた，次のように始まるタブローが閉じることを示せば十分である．（実際には，$A \to B$ を証明するタブローの1行目を省略しただけになる．）

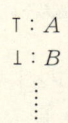

$$\top : A \\ \bot : B \\ \vdots$$

なぜなら，もしこのタブローが閉じれば，A は真であるのに B は偽，ということはありえないことが示されるからである．

同様に，n 個の論理式 $A_1, A_2, \ldots, A_n$ を前提とし，B を結論とする推論が論理的に正しいことを示すには，次のように始まるタブローが閉じることを示せば十分である．

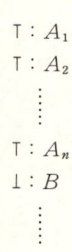

$$\begin{array}{c} \mathsf{T}:A_1 \\ \mathsf{T}:A_2 \\ \vdots \\ \mathsf{T}:A_n \\ \bot:B \\ \vdots \end{array}$$

もしこのようなタブローが閉じたならば，すべての前提 A_1〜A_n が真であるのに結論 B が偽ということはありえず，したがって，すべての前提が真であるときには，結論もまた必ず真である，ということが言えるからである．

しかし厳密に言えば，このような枝分かれ図は，先の「タブローの定義」(61 ページ) に合致しない．なぜなら，初めの数行が，タブローであるための条件を満たさないからである (先の定義では，**2 行目以降のすべての**(符号付きの) 論理式は，それより上の論理式に対する「操作」の結果でなければならない)．そこで，「タブローの定義」を拡張して，「(符号付きの) 論理式の**集合 S のタブロー**」を，次のように定義する．

(符号付きの) **論理式の集合 S のタブロー**

S のすべての要素を縦に並べた上で，先の操作 (a) と (b) を任意の回数適用した枝分かれ図．

---

3 命題論理のタブロー

上の二つの仕方で始まるタブローは，それぞれ（符号付きの）論理式の集合 $\{\mathsf{T}:A, \bot:B\}$ および $\{\mathsf{T}:A_1, \mathsf{T}:A_2, \ldots, \mathsf{T}:A_n, \bot:B\}$ のタブローである．

ここで，（符号付きでない）論理式の列 Σ（例えば，A_1, A_2, ……, A_n——$n=1$ でもよい）を前提とし，B を結論とする推論が論理的に正しい，ということを

$$\Sigma \vdash B$$

と書くことにし，推論の正しさをタブローの方法で証明する，いくつかの例を考えてみる．

例3 次の①～③を，タブローの方法で示す．

① $p, p \rightarrow q, q \rightarrow r \vdash r$
② $p \lor q, \lnot q \rightarrow r, p \rightarrow \lnot r \vdash q$
③ $p \rightarrow (q \lor r), q \rightarrow r, \lnot r \vdash \lnot p$

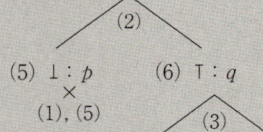

① $p,\ p\to q,\ q\to r\ \vdash\ r$

(1) $\top : p$
(2) $\top : p\to q$
(3) $\top : q\to r$
(4) $\bot : r$

(2)

(5) $\bot : p$　　(6) $\top : q$
　×
(1), (5)

(3)

(7) $\bot : q$　　(8) $\top : r$
　×　　　　　×
(6), (7)　　(4), (8)

3　命題論理のタブロー

② $p \vee q,\ \neg q \rightarrow r,\ p \rightarrow \neg r\ \vdash\ q$

(1) $\top : p \vee q$
(2) $\top : \neg q \rightarrow r$
(3) $\top : p \rightarrow \neg r$
(4) $\bot : q$

　　　　　　　　(1)
(5) $\top : p$　　　(6) $\top : q$
　　　　　　　　　　×
　　　　　　　　　(4), (6)
　　(2)
(7) $\bot : \neg q$　　(8) $\top : r$
(9) $\top : q$　(7)
　×
(4), (9)
　　　　　　　(3)
(10) $\bot : p$　(11) $\top : \neg r$
　×
(5), (10)　　(12) $\bot : r$　(11)
　　　　　　　　×
　　　　　　　(8), (12)

076　第1部

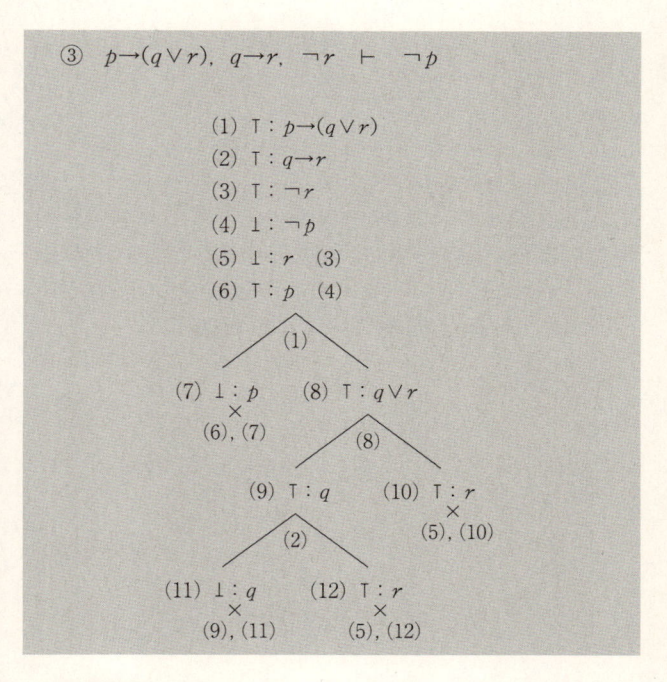

③ $p \to (q \vee r)$, $q \to r$, $\neg r$ ⊢ $\neg p$

(1) T : $p \to (q \vee r)$
(2) T : $q \to r$
(3) T : $\neg r$
(4) ⊥ : $\neg p$
(5) ⊥ : r (3)
(6) T : p (4)

     (1)
   ／ ＼
(7) ⊥ : p (8) T : $q \vee r$
 ×
(6), (7)
       (8)
      ／ ＼
   (9) T : q (10) T : r
         ×
        (5), (10)
    (2)
  ／ ＼
(11) ⊥ : q (12) T : r
 ×   ×
(9), (11) (5), (12)

練習2 次の①〜⑥をタブローの方法で示せ．(⑥ができれば，命題論理のタブローについてのあなたの理解は，完璧だと思ってよい．)

① p, $q \to \neg p$ ⊢ $\neg q$
② $p \vee \neg q$, $q \to \neg p$ ⊢ $\neg q$

3 命題論理のタブロー 077

③ $p \to q$, $(p \land q) \to r$, $p \vdash r$
④ $p \to q$, $r \to (p \lor q)$, $\neg q \vdash \neg r$
⑤ $p \lor (q \to \neg r)$, $r \to \neg p$, $q \vdash \neg r$
⑥ $(p \land q) \to \neg r$, $\neg q \to (p \lor r)$, $r \to (\neg p \lor q)$, $q \to p$
$\vdash (p \to \neg r) \land (\neg p \to r)$
(⑥のヒント:結論が連言なので,その二つの連言肢それぞれを証明する二つの枝分かれ図へと,初めに枝分かれさせると,考えやすい.両方の枝の先それぞれで,全部の前提を必要とするとは限らない.)

4 命題論理における健全性と完全性

§1 命題論理におけるタブローの方法の健全性

命題論理の範囲において，タブローの方法によって証明される論理式がトートロジーだけであること（これを，タブローの方法の「**健全性（soundness）**」と呼ぶ）は，これまでの説明からほとんど明らかであろうが，ここでは一応，そのことを多少詳しく確認することにする．そのことが確認されると，そこからの一つの帰結として，ある論理式とその否定との両方が証明されることはない，ということ（**無矛盾性**）が言える．なぜなら，健全性が成り立つ場合，もしある論理式 A が証明されるならばそれはトートロジーであり，そしてトートロジーの否定は明らかにトートロジーではないがゆえに，$\neg A$ は証明できないはずだからである．

まず，あるタブロー T と，そこに現われるすべての命題変項に対する「解釈」I について，次の定理を証明する[1]．

〈定理1〉
　もし解釈 I において，タブロー T の枝のうちの**少なくとも一本**については，それに属する**すべての**（符号付きの）論理式が真となるならば，T に対して前章のタブロー

の定義（61ページ）の二つの操作(a)と(b)のうちのどちらかを行なってできるタブローにおいても，その枝のうちの**少なくとも一本**については，それに属する**すべての**論理式が解釈Iにおいて真である．

〈証明〉 解釈Iにおいて，Tの枝のうちの少なくとも一本θについては，それに属するすべての論理式が真である，と仮定する．

もしTに対して「操作」を行なった枝が，もともとすべての要素（論理式）が真であった枝θとは**別の枝**であるならば，新しいタブローにもθがそのまま含まれているので，〈定理1〉は明らかに成り立つ．

もし操作を行なった枝が，もともとすべての要素が真であった枝θである場合には，次のように考えることができる．

(1) その操作が(a)である場合： θには「直接帰結タイプ」の論理式αが含まれており，その先にα_1またはα_2が付け加えられたわけである．仮定により，αは解釈Iにおいて真である．そして，もしαが真であればα_1もα_2も真である（60ページ）．それゆえ，α_1またはα_2を付け加えた後のその枝についても，そのすべての要素が解釈Iにおいて真である，と言うことができる．

(2) その操作が(b)である場合： θには「枝分かれタイプ」の論理式βが含まれており，その先がβ_1とβ_2に枝分か

れしたことになる．上と同様，仮定により，βは解釈Iにおいて真である．そしてまた，もしβが真であれば，β_1とβ_2のうちの**少なくとも一方は真である**（60ページ）．したがって，枝分かれ後の，β_1に至る枝とβ_2に至る枝のうちの**少なくとも一方**は，そのすべての要素が解釈Iにおいて真であるような枝である．それゆえそのタブローにも，すべての要素が解釈Iにおいて真であるような枝が含まれている．

こうして，操作を行なった枝がθである場合，(a), (b)どちらの操作の後にも，すべての要素が解釈Iにおいて真であるような枝ができることになる．Q. E. D.

さて，この〈定理1〉が成り立つならば，次の〈定理2〉が，(「操作」の回数に関する**数学的帰納法**によって）証明できる．

〈定理2〉
　解釈Iにおいて真である（符号付きの）論理式のタブローの少なくとも一本の枝は，そのすべての要素がIにおいて真である枝である．

なぜなら，出発点の論理式そのものが，〈定理1〉の〈証明〉における「仮定」を満たす一つのタブロー（「操作」0回のタブロー）であり，あとは，それに操作(a)と(b)を施すそれぞれのステップに〈定理1〉を適用してゆけばよい．そうすると，出発点の論理式が解釈Iにおいて真である以上，どれだ

け「操作」を施していっても（特に，どれだけ(b)の「枝分かれ」をしても），少なくとも一本の枝は，そのすべての要素が真となるのである．（これが，「数学的帰納法」の基本的な考え方である.）

ところが，**いかなる解釈においても**，「閉じた」タブローには，すべての要素が真であるような枝はない．なぜなら，閉じたタブローの枝はすべて閉じており，閉じた枝には互いに矛盾した二つの論理式が入っているため，いかなる解釈においても，その両方が真ということはありえないからである．したがって，閉じたタブローの出発点となっている論理式は，**いかなる解釈においても**真とならない．そして，$\bot : A$ がいかなる解釈においても真とならないということは，A がいかなる解釈においても偽とならないということ，すなわち A はトートロジーだ，ということである．それゆえ，次の定理が証明されたことになる．

〈定理3〉（命題論理におけるタブローの方法の健全性）
タブローの方法によって証明される論理式は，すべてトートロジーである．

推論の正しさを示すために導入した「論理式の集合のタブロー」についても，〈定理1〉が成り立ち，したがって同様のことが言える．すなわち，もしそのようなタブローが閉じたならば，その出発点におかれた論理式の集合に属する論理式を，**すべて同時に真とするような解釈は存在しない**，と言う

ことができる.つまり,もし{⊤：A_1, ⊤：A_2, ……, ⊤：A_n, ⊥：B}という集合のタブローが閉じるならば,その集合のすべての要素が真となるような解釈は存在しない.したがって,A_1, A_2, ……, A_n がすべて真で,B が偽となるような解釈は存在しないのである.(このことの証明は,〈定理3〉の上に述べたことをほとんどそのまま繰り返すだけである.自分で考えてみよう.)それゆえその場合,(前提)A_1, A_2 ……, A_n がすべて真であれば,(結論)B は必ず真となる.

§2 命題論理におけるタブローの方法の完全性

前節では,タブローの方法によって証明される論理式はトートロジーだけだ,ということを示した.では逆に,トートロジーは**すべて**タブローの方法によって証明できるのであろうか? この問いに肯定的に答えることが,この節の目的である.前節の「**健全性**」は,タブローの方法が「証明」として意味をもつための必要条件であり,本節で扱う「**完全性**」は,その方法が「十分に強力である」ということを意味する.

トートロジーはすべて証明可能だということを証明するには,「もし A がトートロジーであるならば,⊥：A のいかなる完成したタブローも閉じたタブローだ」ということを証明すればよい.(⊥：A のタブローがまだ完成していなければ,もちろんそれは閉じていない——「閉じたタブロー」および「完成したタブロー」の定義(63ページ)参照.)

このことを証明するためには、次の〈定理4〉を証明すればよい.

> 〈定理4〉
> ⊥：A の完成したタブローであって、しかも閉じていないものが存在するならば、⊥：A を真とするような解釈が存在する.

A がトートロジーである場合,「⊥：A を真とするような解釈」は存在しない. そこで、もしこの定理が成り立つならば、その**対偶**[2]，すなわち「⊥：A を真とするような解釈が存在しないならば、⊥：A の完成したタブローであって、しかも閉じていないものは存在しない」により,「⊥：A の完成したタブローであって、しかも閉じていないもの」は存在せず、したがって⊥：A のいかなる完成したタブローも、閉じたタブローである. そして、必ず有限回の操作でタブローは「完成する」ので (65ページ)、必ず有限回の操作で⊥：A の閉じたタブローを作ることができる. それゆえ、A は証明される、と言えるのである.

〈定理4の証明〉 T を、⊥：A の完成したタブローであって、しかも閉じていないものとする. すると,「完成したタブロー」および「閉じたタブロー」の定義 (63ページ) により、T には、完成していてしかも閉じていない枝 θ があることになる. そして、〈定理4〉を証明するためには、θ に属する**す**

べての（符号付きの）論理式を真とするような解釈が存在することを示せば十分である．なぜなら，もしそれが示されれば，⊥ : A は「θ に属する」以上，⊥ : A を真とする解釈が存在することになるからである．そこで以下では，「θ に属するすべての論理式を真とするような解釈が存在する」ことを示すことにしよう．

さて，「完成した枝」および「閉じた枝」の定義（62〜63 ページ）により，θ が次の三つの条件を満たすことは明らかである．

(i) いかなる命題変項 π についても，⊤ : π と ⊥ : π との両方が θ に属することはない．（なぜなら，θ は閉じていないから．）
(ii) もし θ に「直接帰結タイプ」の論理式 α が属するならば，θ には α_1 と α_2 が属する．
(iii) もし θ に「枝分かれタイプ」の論理式 β が属するならば，θ には β_1 かまたは β_2 が属する．

そこで，θ の中で，**単独の命題変項**にどのような符号がついているかを参照して，次のような解釈 I を考える．これから示すのは，この解釈 I において，θ に属するすべての論理式が真となる，ということである．

解釈 I: θ に ⊤ : π が属するような命題変項 π には「真」という真理値を与え，θ に ⊥ : π が属するような命題変項 π

4 命題論理における健全性と完全性

には「偽」という真理値を与える解釈.

　上の条件(i)により，これによって同じ命題変項に「真」と「偽」の両方が与えられることはない（つまり，Iは可能な解釈である）．また，これによって，θに属するすべての（符号付きの）論理式の中に現われる，**すべての命題変項**に，真理値を割り当てたことになる．なぜなら，θは「完成した枝」であり，したがってその中で可能な「操作」はすべて済んでいるため，θに属するどんなに複雑な論理式に含まれる命題変項も，すべて単独で符号を付けられるところまで，至っているはずだからである．（タブローを作るための「操作」は，論理記号の数を減らすことを思い出そう．）

　さらにまた，この解釈Iにおいては，θに属する（**符号付きの**）**命題変項**は，すべて真となることは，明らかであろう．Iとはまさに，そうなるように作った解釈なのである．そして，単独の命題変項以外の（符号付きの）論理式については，それに含まれる論理記号（結合子）の数に関する**数学的帰納法**によって，次のように考えることができる．

　まず，命題変項とは，それに含まれる論理記号の数が0であるような論理式に他ならないので，いま述べたことから，「θに属する，論理記号の数が0であるすべての論理式が，解釈Iにおいて真である」ことがわかる．これが「数学的帰納法」の出発点になる（これを，帰納法の「第一段階」と呼ぼう）．そして次に示すのは，もしも「θに属する，論理記号の数が**n以下**（ただし，$0 \leq n$）であるすべての論理式が，解釈

I において真である」ならば（この仮定を「**帰納法の仮定**」と呼ぶ），「θ に属する，論理記号の数が $n+1$ であるすべての論理式が，解釈 I において真である」ということである（帰納法の「第二段階」）．もしもこの「第二段階」が成り立つならば，「第一段階」のゆえに $n=0$ の場合には「帰納法の仮定」が成り立つことから出発して，$n=0+1=1$ の場合，$n=1+1=2$ の場合，……，と進んで，**任意の n** に対して，「θ に属する，論理記号の数が n であるすべての論理式が，解釈 I において真である」ということが言えることになる．これはすなわち，「θ に属するすべての論理式が，解釈 I において真である」（帰納法の「結論」）ということである．では，この「第二段階」が本当に成り立つかどうかを，調べてみよう．

そのためには，まず，「θ に属する，論理記号の数が **n 以下**であるすべての論理式が，解釈 I において真である」と仮定する（帰納法の仮定）．そしてその仮定のもとで，$n+1$ 個の論理記号を含む（θ に属する）任意の論理式 X が，解釈 I において真となることを証明すればよい．X は「直接帰結タイプ」か「枝分かれタイプ」かのどちらかなので，それぞれの場合に分けて考えることにしよう．

(1) **X が直接帰結タイプの論理式 α である場合**： 上の条件(ii)により，θ には α_1 および α_2 が属する．そして，α（すなわち X）に含まれる論理記号の数が $n+1$ なので，α_1 と α_2 のそれぞれに含まれる論理記号の数は，**n 以下**である．（タブローの操作は，論理記号の数を減らす．）

さてそこで, 帰納法の仮定により, α_1 と α_2 は共に解釈 I において真となる. そして α_1 と α_2 が真であれば, α(すなわち X)も真である(60ページ). したがって, X は解釈 I において真である.

(2) **X が枝分かれタイプの論理式 β である場合:** 上の条件(iii)により, θ には β_1 かまたは β_2 が属する. そしてやはり, 直接帰結タイプの場合と同様に, β_1 と β_2 のそれぞれに含まれる論理記号の数は, n 以下である. したがって帰納法の仮定により, **少なくともそのうちの θ に属する方は**, 解釈 I において真である. そして, β_1 と β_2 のうちの**少なくとも一方**が真であれば, β(すなわち X)も真である(60ページ). したがって, X は解釈 I において真である.

こうして, 帰納法の仮定のもとで, θ に属する, 論理記号の数が **$n+1$** である任意の, したがって**すべての**論理式が, 解釈 I において真である, ということ(帰納法の第二段階)が言えたことになる. それゆえ, 前に述べたように, θ に属するすべての論理式が, 解釈 I において真であること(帰納法の結論)がわかった. それゆえ, $\bot : A$ も(θ に属する以上)I において真となる. すなわち, $\bot : A$ の完成したタブローであって, しかも閉じていないものがあるならば, $\bot : A$ を真とするような解釈が存在するのである. Q. E. D.

先に注意しておいたように, ここから直ちに(命題論理に

おける)「タブローの方法の完全性」が帰結する.

> **〈定理 5〉（命題論理におけるタブローの方法の完全性）**
> (1) もし A がトートロジーであるならば，$\bot : A$ のいかなる完成したタブローも閉じたタブローである.
> (2) すべてのトートロジーは，タブローの方法によって証明可能である.

「論理式の集合のタブロー」についても，これに対応する次の定理を証明することができる.

> **〈定理 6〉**
> もし，（符号付きの）論理式の集合 S の**すべての要素を同時に真とするような解釈が存在しない**ならば，S のいかなる完成したタブローも，閉じたタブローである.

（注意） 論理式の集合のタブローについても，「閉じた枝」，「完成した枝」，「閉じたタブロー」，「完成したタブロー」の定義は，論理式のタブローの場合と同じである.

この定理の証明は，〈定理 4〉の証明とほとんど同じことになるので，省略する.〈定理 4 の証明〉を参考にして，自分で証明してみよう！

第 2 部　述語論理

5 述語論理の記号言語

命題の内部構造・「すべて」・「存在する」

　第1部の命題論理では，扱われる最小単位が初めから命題であり，論理結合子によるそのつなぎ方を問題とした．それに対して「述語論理」では，これまで最小単位として扱われていた命題をさらに詳しく分析し，その主語-述語構造まで考える．例えば「太郎は学生である」という命題は，命題論理においては，ただそのまま命題変項 'p' とか 'q' に割り当てることしかできなかったが，述語論理ではその命題をさらに主語と述語に分析して，（例えば）'Fa' という構造をもった論理式によって表現することができる．つまり，'F' という文字に「学生である」という述語を当てはめ，'a' という文字に「太郎」という名前を当てはめるのである．

　さらに，「序章」で触れたように，「すべての」とか「存在する」とかいうことばを含む命題についても，それらのことばの働きを十分考慮に入れられるだけ，命題を詳しく分析することができる．そうすることによって，複雑な命題の微妙な意味の違いを明確に表わすことができるようになる．例えば，次の二つの命題を考えてみよう．

　　　　誰もが誰かを愛している．　　　　　　　……(1)
　　　　誰かを誰もが愛している．　　　　　　　……(2)

これらの命題は，一見したところ非常によく似ている．ただ，「誰もが」と「誰かを」の順序を入れ換えただけである．では，この二つの命題は，**同じことを言っている**のだろうか？ しかし，少し考えてみると，これらの命題は何か少し違うことを言っているように思われてくる．もう少し「くどく」言い直せば，(1)は「**すべての人にとって，その人が愛している人が存在する**」ということであり，(2)は「**すべての人が愛しているような，そういう人が存在する**」ということであろう．(1)は，それぞれの人にとって，それぞれに「愛する人がいる」ということを言っており，それに対して(2)は，皆に愛されるような，いわばアイドル的な人がいる，ということを述べているのである．(この違いは，英語でも，能動態と受動態の間で同じように現われる．(1)は 'Everybody loves somebody' に対応し，(2)は 'Somebody is loved by everybody' に対応する．'every' とか 'some' とかが現われる文では，能動態と受動態は，必ずしも「同じこと」を述べるわけではない．)

述語論理では，命題(1)と(2)の「形式」を，それぞれ次の(1′)と(2′)という論理式で表現する．

$(\forall x)(\exists y) Fxy$ ……(1′)
$(\exists y)(\forall x) Fxy$ ……(2′)

詳しいことは後で述べるが，ここで '$(\forall x)$——x——' という表現は，「**すべての x が，——x—— という条件を満た**

5 述語論理の記号言語　093

す」ということを表わし，'(∃y)——y——'という表現は，「——y——という条件を満たすyが**存在する**」ということを表わす．そして，ここでは'F'という文字は「**2項述語記号**」として，つまり二つの個体の間の関係を表わす記号として使われており，'Fxy'という形で，「xはyを愛している」という「具体的解釈」を与えられることになる．すると(1′)は，「すべてのxは，$(∃y)Fxy$という条件を満たす」ということ，すなわち，「すべてのxは，[Fxyという条件を満たすyが存在する]という条件を満たす」ということ，もう一度書き直せば，「すべてのxは，[⟨xはyを愛している⟩という条件を満たすyが存在する]という条件を満たす」ということを表わしている[1]．だいぶ複雑な話になってしまったが，ここで，xやyの及ぶ範囲（それは，「**個体領域**（universe of individuals）」とか「**論議領域**（universe of discourse）」とか呼ばれる．個体領域そのものは，**空集合ではないことを前提とする**）を人間だけに限れば——そして，よく考えてみれば——これは「誰もが誰かを愛している」ということになるのがわかるであろう．

いま出てきた**2項述語記号**は，「愛する」とか「憎む」といった，二つの個体の間の関係を表わすのに使われるが，それと同様に，3項述語記号は（例えば'$Gxyz$'という形で）「xはyにzを贈る」とか，「$x+y=z$」といったような，三つの個体の間の関係を表わす．4項以上の述語記号についても，同様である．

さて話を戻して，先の(2′)は，(1′)の'$(∀x)$'と'$(∃y)$'の

順序を入れ換えたものである．するとどうなるであろうか？先ほどと同じように考えてみると，(2′)は，「$(\forall x)Fxy$ という条件を満たす y が存在する」ということ，すなわち，「[すべての x が Fxy という条件を満たす] という条件を満たす y が存在する」ということ，もう一度書き直せば，「[すべての x が 〈x は y を愛している〉という条件を満たす] という条件を満たすような y が存在する」ということを表わしている．そしてやはり「個体領域」を人間だけに限るとして——よく考えてみれば——これが「誰かを誰もが愛している」ということになるのがわかると思う．

また，個体領域を自然数全体とし，'Fxy' に '$x<y$' という「具体的解釈」を与えると，(1′)は「どの自然数にとっても，それより大きな自然数が存在する」という，正しい命題となり，(2′)は「すべての自然数よりも大きな自然数が存在する」という，正しくない命題となる（そこで「存在する」と言われている自然数は，自分自身より大きい？）．これらは，非常に異なることである．

述語論理では，「すべての」とか「存在する」ということばが現われる．こうした様々な命題が，どのような場合に真となり，どのような場合に偽となるのか，「あらゆる場合」に真となる「論理的真理」はどのようなものか，どのような推論が「論理的に正しい」のかを，体系的に考えることになる．

ところで，「すべての」ということばを表面上含んでいなくても，それを含んでいるものと考えるべき命題もある．例えば，「人間は動物である」という命題を考えてみよう．これは

5　述語論理の記号言語　095

表面的には，先の「太郎は学生である」という命題に似ている．しかし後者が，「太郎」と呼ばれる一人の人間（一つの個体）について，彼（それ）は学生である，と言っているのに対して，前者は，「人間」と呼ばれる一人の人間（？）（一つの個体）について，彼（それ）は動物である，と言っているわけではない．むしろ，「人間は**すべて**動物である」，「**すべての**人間は動物である」，「人間であれば**すべて**動物である」ということを言っているのである（いわゆる「**全称肯定命題**」）．それは，「すべての x について，もし x が人間であれば，x は動物である」と言い直すことができよう．そのような命題の形式は，次の論理式で表現される．

$$(\forall x)(Fx \to Gx)$$

ここでは，'F' という文字（ここでは 1 項述語記号——ものの性質や種類を表わす）に「人間である」という述語，'G' という文字に「動物である」という述語が当てはめられる．もともと主語であった「人間」が，「人間である」という述語に変換され，「主語」として残っているのは（前の例でも出てきた）'x' という記号である．これは，いま話題となっているものの領域全体（個体領域）の中のすべてのものをカバーする，極めて形式的な記号であり，「**個体変項**」と呼ばれる．そして，'$\forall$'（および，'$(\forall x)$', '$(\forall y)$', ……）という記号を「**普遍**（あるいは**全称**）**量化子**（universal quantifier）」，'$\exists$'（および，'$(\exists x)$', '$(\exists y)$', ……）という記号を「**存在量化子**

(existential quantifier)」と呼ぶ．

論理式の定義

ここで，述語論理の論理式をきちんと定義しておこう．

> (a) 使用する記号
> (i) **命題変項以外の**，命題論理の記号
> (ii) 量化子 $\forall$, $\exists$
> (iii) 個体変項 $x, y, z, x_1, x_2, \ldots\ldots, y_1, y_2, \ldots\ldots,$
> $z_1, z_2, \ldots\ldots$
> (iv) 個体パラメター $a, b, c, a_1, a_2, \ldots\ldots, b_1, b_2, \ldots$
> $\ldots, c_1, c_2, \ldots\ldots$
> (v) (n 項) 述語記号 $F, G, H, F_1, F_2, \ldots\ldots, G_1,$
> $G_2, \ldots\ldots, H_1, H_2, \ldots\ldots$

ここで,「個体変項」とは別に,「**個体パラメター**」というものが出てきたが，それは，(そのときどきの目的に合わせて使われる)「個体の名前」のような働きをする．「個体変項」は，常に「量化子」との関連のもとで使われるが,「個体パラメター」はそうではない．(すぐ後の「形成規則」で見るように，個体パラメターについては「量化」は行なわれない.) 個体変項と個体パラメターを合わせて,「**個体記号**」と呼ぶことにする．「個体パラメター」は，単に「パラメター」と略すことがある．また，以下の(b)と(c)からの帰結として,「n 項述語記

5 述語論理の記号言語 097

号」の後には，必ず n 個の個体記号がつくことになる．

さて次に，述語論理における最も単純な論理式である「原子式」を定義し，その後で「形成規則」を与える．

(b) 原子式

Φ が n 項述語記号であり，$t_1, t_2, \ldots\ldots, t_n$ が個体記号であるならば，

 $\Phi t_1 t_2 \cdots\cdots t_n$

は原子式である[2]．（例：Fxb）

(c) 論理式の形成規則
  (i) **原子式**は論理式である．
  (ii) もし A が論理式であるならば，$\neg A$ は論理式である．
  (iii) もし A と B が論理式であるならば，

 $(A \wedge B)$, $(A \vee B)$, $(A \rightarrow B)$

  はすべて論理式である．
  (iv) もし A が論理式であり，t が**個体変項**であるならば，

 $(\forall t)A$, $(\exists t)A$

は論理式である.
(例：$(\forall x)(Fxa \to Ga)$, $(\exists y)(Fy \land Gy)$)

この四つの規則によって論理式と判定できるものだけが，（述語論理の）論理式である．ただし，'$\leftrightarrow$' は次の定義によって導入される．

(定義) $(A \leftrightarrow B) =_{\text{def}} ((A \to B) \land (B \to A))$

(d) **カッコについての規則**
(命題論理と同じ.)

述語論理の論理式のいくつかの例を挙げておこう．
① Fx
② Gyb
③ $(\exists y)(Fy \lor Gy)$
④ $(\forall x)(\neg Fx \land Gy)$
⑤ $(\exists x)(Fx \land Gx) \to (\exists x)Gx$ (「序章」の(5))
⑥ $(\forall x)(Fx \to (\exists y)Gxy)$
⑦ $(\forall x)[(\exists y)(Fy \land Gxy) \to Fx]$
⑧ $(\exists y)\neg Gab$

例えば⑥が論理式であることは，形成規則を利用して，次のようにして確かめることができる．

(1) 'Fx', 'Gxy' は論理式である．（形成規則(i)．ここでは 'F' は1項述語記号であり，'G' は2項述語記号である．）
(2) '$(\exists y)Gxy$' は論理式である．（(1)と形成規則(iv)）
(3) '$Fx \to (\exists y)Gxy$' は論理式である．（(1)，(2)と形成規則(iii)）
(4) '$(\forall x)(Fx \to (\exists y)Gxy)$' は論理式である．（(3)と形成規則(iv)）

練習1 同様にして，上の例の⑥以外について，それらが（述語論理の）論理式であることを確かめよ．

（注意）⑧のように，'y' を含まない論理式（それは，y についての「条件」を表現してはいない）を「'y' に関して量化した」ものも，この定義では論理式になる．これは，形成規則を単純にするために生じた特殊な場合であり，その論理式の様々な性質は，量化される前の論理式と一致する（第6, 7章参照）．

$(\forall t)A$ を，（個体変項）t に関する A の「**普遍（全称）量化** (universal quantification)」と呼び，$(\exists t)A$ を，t に関する A の「**存在量化** (existential quantification)」と呼ぶ．ここでの A を，量化子 $(\forall t)$，$(\exists t)$ の「**作用範囲（あるいは作用域）** (scope)」と呼ぶが，それは，**量化子の後に続く最も短い論理式**である．例えば，次の論理式を考えてみよう．

$$(\forall x)\{Fx \rightarrow [(\forall x)Gx \wedge Fa]\}$$

この論理式には，量化子 '$(\forall x)$' が 2 回出てくるが，第一の '$(\forall x)$' の作用範囲は，残りの全体，すなわち '$\{Fx \rightarrow [(\forall x)Gx \wedge Fa]\}$' である．なぜだろう？ その理由は，カッコにある．第一の '$(\forall x)$' の後に続く部分は，'$\{$' で始まっており，それに対応する最後の '$\}$' が現われるまで，「論理式」とはならないのである．したがって，'$(\forall x)$' の後に続く「最も短い論理式」は，'$\{Fx \rightarrow [(\forall x)Gx \wedge Fa]\}$' の全体である．また，第二の '$(\forall x)$' の作用範囲は '$Gx$' であって '$Gx \wedge Fa$' ではない．なぜなら，第二の '$(\forall x)$'「の後に続く最も短い論理式」は '$Gx$' だからである．もし '$Gx \wedge Fa$' を作用範囲にしたいのであれば，そこにもカッコをつけて，

$$(\forall x)\{Fx \rightarrow [(\forall x)(Gx \wedge Fa)]\}$$

としなければならない．

　一つの論理式の中で，複数の量化子の**作用範囲が重なり合う場合**（例えば，いまの '$(\forall x)\{Fx \rightarrow [(\forall x)(Gx \wedge Fa)]\}$' や，おなじみの '$(\forall x)(\exists y)Fxy$' を，「**多重量化（multiple quantification）**」と呼ぶ．

5　述語論理の記号言語

個体変項の「自由な現われ」と「束縛された現われ」

いまの場合のように，量化子に限らず，同じ記号が一つの論理式の中に2回以上現われることがある．（いまの例では，'x' が4回，'F' が2回現われている．カッコについても数えることができる．）そのような場合，一つの記号の複数の「**現われ**（occurrences）」について語る必要が出てくる．上に述べた量化子の作用範囲は，量化子の個々の「現われ」について言われる事柄である．

論理式 A において個体変項 t が，その個体変項を含む量化子 $(\forall t)$ または $(\exists t)$ の，どの現われの作用範囲にも（また，その量化子自体の中にも）入っていない場所に現われる場合，t のその現われは「**自由な現われ**（free occurrence）」であると言う．個体変項の「自由」でない現われを，「**束縛された現われ**（bound occurrence）」と呼ぶ．個体変項の「束縛された現われ」は，いわば，既に量化子に「つなぎ留められて」いるのである．

この，「自由」と「束縛」との区別は，重要である．というのも，次章の「真理値の定義」で明確になることであるが，形成規則(iv)にしたがって，ある論理式に（個体変項 t をもった）量化子を付加して新しい論理式を作るとき（「量化する」とき），もとの論理式の中の個体変項 t の**自由**な現われが，新たな量化子に「つなぎ留められる」ことになるからである．例えば先の論理式 '$(\forall x)\{Fx \to [(\forall x)Gx \land Fa]\}$' は，'$\{Fx \to [(\forall x)Gx \land Fa]\}$' という論理式（これを A とする）に量化子 '$(\forall x)$' を付加したものだが，A の中の 'x' の三つの

現われのうち,「自由な」現われは 'F' の後の現われだけであり('G' の後の 'x' の現われは,その直前の '($\forall x$)' によって既に「束縛されて」いる),その現われだけが,新たに付加された '($\forall x$)' に「つなぎ留められる」のである.

個体変項の自由な現われを全く含まない論理式を,「**閉じた論理式**(closed formula)」と言う.(しかし,そこには,**個体パラメター**が含まれていてもよいことに注意.)個体変項の自由な現われが含まれる論理式は,「**開いた論理式**(open formula)」と呼ばれる.個体変項 'x' の自由な現われを含む(開いた)論理式は,そうした自由な現われにおける x についての,ある「条件」を表現するのである.そして,本章の初めの方で述べたように,そのような論理式に '($\forall x$)' あるいは '($\exists x$)' を付加した論理式は,それぞれ,「(個体領域に属する)すべての x が,その条件を満たす」,および「その条件を満たすような少なくとも一つの x が(個体領域の中に)存在する」ということを意味する.(厳密には,次章の「真理値の定義」を参照.)

なお,個体パラメターと,個体変項の**自由な**現われとが紛らわしい,と感じる読者もいるかもしれないが,もう一度整理すると,個体パラメターは,「名前」のようにふるまい,それについては「量化」は行なわれないが,個体変項とは,もともと量化が行なわれる**べき**(量化子につなぎ留められるべき)ものであり,その「自由な」現われを含む**開いた**論理式も「論理式」として認めるのは,理論(特に形成規則)をできるだけ単純にするための,便法にすぎない.実際,次章以

降では主に**閉じた論理式**だけが問題とされ,「真理値」が定義されるのも,閉じた論理式だけである.

練習2 前に挙げた論理式の例①〜⑧(99ページ)のうち,量化子を含むものについて,その各々の現われの作用範囲を指摘せよ.

練習3 同じく前の例①〜⑧のうち,閉じた論理式はどれか.

述語論理における「具体的解釈」

命題論理と同様,述語論理の論理式も,命題の「形式」を表現する.ある命題の形式を表現する論理式を作る(あるいは逆に,ある論理式から,それによって形式が表現されるような命題を構成する)際の基本的な操作は,**述語記号に具体的な述語を当てはめ,個体パラメーターに具体的な名前を当てはめる**ことである.これを,述語記号と個体パラメーターに対する「**具体的解釈**」と呼ぶことにする.

前に述べたように,1項述語記号には,「性質」や「種類」を表わす述語が当てはめられ,2項以上の述語記号には,(その項の数だけのものの間の)「関係」を表わす述語が当てはめられる.

いくつかの論理式について,「個体領域」を指定し,述語記号と個体パラメーターに対する「具体的解釈」を与えることに

よって，どのような命題になるかを考えてみよう．ただし，述語記号に対する具体的解釈は，'$Fxy : x<y$' といったように，個体変項をつけた形で示すことにする．そうしないと，例えば「F：愛している」と書いても，'Fxy' は「x は y を愛している」ということなのか，それとも「y は x を愛している」ということなのかが，わからないからである．そして，'Fxy' に「x は y を愛している」という具体的解釈を与えた場合，'Fyx' は，「y は x を愛している」ということに，'Fcz' は，「c は z を愛している」ということになる．

① Fab
   $Fxy : x$ は y の父親である
   　a：天皇
   　b：皇太子
   　　「天皇は皇太子の父親である.」
② $(\exists x)(Fx \land Gx)$
   　$Fx : x$ は学生である　$Gx : x$ は職業をもっている
   　個体領域：人間全体の集合
   　「学生であり，かつ職業をもっている者が存在する.」
   　「職業をもっている学生が存在する.」（「序章」の「赤い魚が存在する」を参照.）
   　「ある学生は，職業をもっている.」（いわゆる「**特称肯定命題**」）
③ $(\forall x)(Fx \to (\exists y)Gxy)$　（前の例（99 ページ）の⑥）

5　述語論理の記号言語　105

$Fx : x$ は生物である　$Gxy : y$ は x の親である

個体領域:「物」全体の集合[3]

「すべてのものについて,もしそれが生物であれば,その親であるものが存在する.」

「すべての生物には親がある.」

(もしさらに,$Hx : x$ は地上最初の生物である　という具体的解釈を与えるならば,'$(\forall x)[Fx \rightarrow (\neg Hx \rightarrow (\exists y)Gxy)]$' という論理式は,「すべての生物には,もしそれが地上最初の生物でないならば,親がある」という命題となる.)

練習 4　次の論理式が,それぞれその下に示した個体領域および具体的解釈においてどのような命題になるか,なるべく自然な日本語で述べよ.

① $(\forall x)[(Fx \wedge \neg Gx) \rightarrow Hx]$
　　個体領域:人間全体の集合
　　$Fx : x$ は学生である
　　$Gx : x$ は勉強する
　　$Hx : x$ は落第する
② $(\exists y)(\forall x)Fxy \rightarrow (\forall x)(\exists y)Fxy$
　　個体領域:人間全体の集合
　　$Fxy : x$ は y を愛している
　　(本章の初めに述べたことを参考に.)
③ $(\forall x)[(Fx \vee Gx) \rightarrow Hx] \rightarrow (\forall x)(Fx \rightarrow Hx)$

個体領域：人間全体の集合
$Fx : x$ の家が火事になった
$Gx : x$ の家が浸水した
$Hx : x$ には保険金が出る

④ $[(\exists x)(Fx \land \neg Gx) \land (\forall x)(Hx \to Gx)] \to (\exists x)(Fx \land \neg Hx)$
個体領域：ある大学の学生全体の集合
$Fx : x$ は哲学をとる
$Gx : x$ は論理学をとる
$Hx : x$ は倫理学をとる

練習 5 練習 4 の②③④の論理式（あるいはそれらに含まれる述語記号に具体的解釈を与えてできる命題）は，必ず真となる．②と④について，その理由を文章で説明せよ．（④はかなり複雑だが，よーく考えてみればわかると思う．がんばってみよう！——④のヒント：前件の第1の連言肢で「存在する」とされている学生の一人を a さんと呼ぶことにし，もし前件全体が真だとしたら，a さんについて何が言えるかを考えてみる．）

以上，論理式と，個体領域および具体的解釈から，命題を導き出してみたが，逆に，ある与えられた命題から，その命題の「形式」を読み取り，それを表現する論理式とその際の具体的解釈を，考えてみることにしよう．（個体領域は，先に指定しておく[4]．）

5 述語論理の記号言語　107

例 次の命題の形式を表現する（述語論理の）論理式と，その際の具体的解釈を考える．

① 花子を愛している人はすべて，すべての人に愛されている．
（個体領域：人間全体の集合）
$(\forall x)[Fxa \rightarrow (\forall y)Fyx]$
$Fxy : x$ は y を愛している
a：花子

② 誰にも愛されず，誰をも愛していない男は，存在しない．
（個体領域：人間全体の集合）
$\neg (\exists x)\{[\neg (\exists y)Fyx \land \neg (\exists y)Fxy] \land Gx\}$ [5]
$Fxy : x$ は y を愛している
$Gx : x$ は男である

③ 自分でヒゲを剃らないすべての人のヒゲを，そしてそういう人のヒゲだけを剃る人は，存在しない．
（個体領域：ある町の男性住民全体の集合）
$\neg (\exists x)(\forall y)(Fxy \leftrightarrow \neg Fyy)$
$Fxy : x$ は y のヒゲを剃る

（注意） ここで「存在しない」と言われている人が，もし存在したならば，その人がヒゲを剃る相手はすべて，自分でヒゲ

を剃らない人であり，自分でヒゲを剃らない人はすべて，その人がヒゲを剃る相手である．次の練習6のように，「命題の形式をできるだけ忠実に表現する」としたら，もっと複雑な論理式の方が適切かもしれない[6]．

練習6 $Fx：x$ は動物である，$Gx：x$ は腎臓をもっている，という具体的解釈を与えたとき（個体領域は「物」全体の集合），次の命題の形式をできるだけ忠実に表現するような（述語論理の）論理式を書け．

① 腎臓をもっていない動物が存在する．
② 動物でないものはすべて，腎臓をもっていない．（否定が2回出てくることに注意．）
③ 動物でないのに腎臓をもっているものが存在する．

6 述語論理における真理値と妥当性

§1 解釈と真理値

1項述語記号と個体パラメーターの解釈

　述語論理の論理式の真理値を考えることは，一般にはまず「個体領域」を指定し，次に述語記号および個体パラメーターの「具体的解釈」を指定することによってできる，具体的な命題の真理値を考えることである．（ただし，個体変項の「自由な現われ」を含む「開いた」論理式には，真理値は与えられない．）しかし「論理的真理」を問題とする場合には，**あらゆる**個体領域，**あらゆる**具体的解釈を考えなければならない．ところが，述語記号に「具体的な述語を当てはめる」ことによる「具体的解釈」を次々と考えていったとしても，「具体的な述語」をどれだけ考えれば「あらゆる」具体的解釈を考えたことになるのか，という点において，そこで使われる言語（例えば日本語）への依存という事態が生ずる．そしてもっと重要なのは，たとえ無限に多くの具体的な述語を考えたとしても，その無限はたかだか「可算無限」にしかならず，例えば実数全体のような「非可算無限」の集合を個体領域とするような話においては，本質的に不十分となる，ということである[1]．それでは，述語論理において「論理的真理」を考え

るには，どうしたらよいであろうか？

そこでまず，**1項述語記号**だけを取り上げることにして，1項述語記号には，その「**外延 (extension)**」(すなわち，**その述語が当てはまるもの全体の集合**) として，**個体領域の一つの部分集合**を割り当てることを考えるのである．このように，「具体的な述語」を経由せずに，いきなり「個体領域の一つの部分集合」を外延として割り当てる，というやり方をとれば，先ほどのような「言語への依存」は生じない．そして，個体領域の**あらゆる**部分集合を考えれば，1項述語記号の(その個体領域における)**あらゆる可能な外延**を考えたことになる．したがって，(例えば) 日本語の「具体的な (1項) 述語」をすべて考えたとしても，それらの外延は「あらゆる可能な外延」をすべて尽くすことにはならないかもしれないが，しかし，日本語のいかなる1項述語の外延も，「あらゆる可能な外延」の中のどれか一つなのである．

また，個体領域の部分集合を割り当てるというこのやり方は，実数全体のような「非可算無限」の個体領域にも適用することができる．1項述語記号に，非可算無限の個体領域の，一つの部分集合を割り当てればよいのである．

このように，1項述語記号に個体領域の一つの部分集合を割り当てることを，その**1項述語記号に対する「解釈」**と呼ぶ．同様に，**個体パラメターに対する「解釈」**とは，その個体パラメターに，個体領域の中の**一つの個体**を割り当てることである．(個体パラメターに「具体的な名前を当てはめる」という「具体的解釈」には，やはり非可算無限に関する問題

6 述語論理における真理値と妥当性　111

がある．無限個の名前を用意しても——一つ一つの名前の長さが有限である限り——，その無限は可算無限にしかならないので，実数全部に名前をつけることはできない．）そして，論理的真理を問題とするときには，**あらゆる解釈**を考えるわけである．

また逆に，もし個体領域が**有限**であれば，部分集合を考えるという方法によって，話は極めて単純になる．例えば三人の人間からなる集合 {太郎, 花子, 次郎} を考えてみよう．もし個体領域がこの集合であれば，その部分集合は，空集合も含めて8個しかない（空集合, {太郎}, {花子}, {次郎}, {太郎, 花子}, {花子, 次郎}, {太郎, 次郎}, {太郎, 花子, 次郎}）．したがって，ある（1項）述語記号のその個体領域における**あらゆる解釈**を考えるとき，（例えば）日本語で表現できるあらゆる具体的な述語（それはもちろん，8個以上ある）を考える必要はないのである．

多項述語記号の解釈

以上，1項述語記号と個体パラメターの「解釈」を考えてきたが，次に，2項以上の述語記号の解釈も考えなければならない．そのためには，「**順序対** (ordered pair)」とか「**順序 n 組** (ordered n-tuple)」といった概念を使うことになる．「順序対」とは，文字通り，順序のついたペア $\langle e_1, e_2 \rangle$ のことである．それは，個体 e_1 と e_2 とからなるのであるが，それらの順序を入れ換えた $\langle e_2, e_1 \rangle$ は，一般に（$e_1 = e_2$ でない限り）

〈e_1, e_2〉とは異なる順序対となる(その点で,集合{e_1, e_2}とは異なる).同様に「順序 n 組」とは,n 個の対象からなる**順序付きの集合**〈e_1, e_2, ……, e_n〉である.(ただし,「n 個の」といっても,それらの中に同じものが含まれていてもよい.)

2 項述語記号の「解釈」とは,その述語記号に,個体領域に属する任意の二つの(同じでもよい)個体 e_1, e_2 からなる順序対〈e_1, e_2〉の集合を割り当てることであり,一般に ***n* 項述語記号**の「**解釈**」とは,その述語記号に,個体領域に属する任意の n 個の個体 e_1, e_2, ……, e_n(同じものが含まれていてもよい)からなる**順序 *n* 組**〈e_1, e_2, ……, e_n〉の集合を割り当てることである.

先の三人の人間からなる個体領域{太郎,花子,次郎}において,**すべての順序対の集合**には,$3^2 = 9$ 個の要素が含まれる.なぜなら,順序対の第一の要素は,三人のうちの誰かであり,そのそれぞれの場合について,第二の要素も三通りあるからである.そこで,その個体領域において,ある 2 項述語記号に解釈を与えるというのは,その述語記号に,9 個の要素をもつその集合の,一つの部分集合を割り当てることである.同様に,その個体領域における n 項述語記号の解釈とは,すべての順序 n 組の集合(それには 3^n 個の要素が含まれる)の一つの部分集合を指定することである.

今後,「解釈」と言うときには,(可算)無限個用意したすべての述語記号とすべての個体パラメターに対する解釈を,全部合わせたものを指すことにする.そして,解釈 I によって n 項述語記号 Φ に当てはめられる順序 n 組の集合を $I(Φ)$,I

6 述語論理における真理値と妥当性 113

によって個体パラメター s に当てはめられる個体を $I(s)$ と書くことにする.

(注意) **個体変項**の「解釈」は考えない.なぜなら,前章に述べたように,個体変項は「それに関して量化される**べき**」ものであり,ある個体変項に関して**量化された**論理式について,さらに,その個体変項にある解釈を与えたときは真,別の解釈を与えたときは偽,ということは意味がない(ように論理式の真理値を定義する)からである.

次に,これはあまり「標準的」なやり方ではないのだが,本書で「**対象式**」と呼ぶ概念を導入する.それは,(前章で定義した)「論理式」の中のすべての**個体パラメター**を,(個体領域に属する任意の)**個体そのものに置き換えたもの**である.したがって,対象式は,一般には論理式ではない.ただ特殊な場合として,個体パラメターを全く含まない論理式(それを,「**純粋な論理式**」と呼ぶことにする)に対応する対象式は,もとの(純粋な)論理式そのものと一致する.そのような対象式を「**純粋な対象式**」と呼ぶことにする(純粋な対象式は純粋な論理式であり,それは「個体そのもの」を含まない).また,個体変項の自由な現われを全く含まない対象式を,「**閉じた対象式**」と呼び,**原子式**から(そこに現われる個体パラメターをすべて個体そのものに置き換えることによって)得られる対象式を,「**原子対象式**」と呼ぶ.「対象式」という概念を導入する目的は,普遍量化や存在量化という形の論理式の真理値の定義(それは,116ページの(iii)と(iv)に

対応する）を，いわば「単刀直入」なものにするためである[2]．

さて次に，**対象式 A の中の個体変項 t のすべての自由な現われ**を，個体 e に置き換えたものを，$A[t, e]$ と書くことにすると，$A[t, e]$ もやはり対象式である[3]．例えば A が

$$Fx \rightarrow (\exists y)(Gxy \wedge He_1 y)$$

という対象式であれば（'$He_1 y$' というところに「個体そのもの」e_1 が含まれている），$A[x, e_2]$ は

$$Fe_2 \rightarrow (\exists y)(Ge_2 y \wedge He_1 y)$$

という（この場合には**閉じた**）対象式である．もし A に t の自由な現われが全くなければ，A と $A[t, e]$ とは全く同じ対象式となる．

述語論理における真理値を定義する

以上の準備をした上で，述語論理における**閉じた**論理式の真理値を，定義することにしよう．そのためにまず，**閉じた対象式の真理値を定義する**（(i)〜(iv)）．そして，(閉じた) **純粋な論理式**の真理値は，それに「一致する」純粋な対象式の真理値に等しいものとする．**純粋でない論理式**の真理値は，純粋でない対象式の真理値に対応させられることになる(v)．

6　述語論理における真理値と妥当性　115

任意の閉じた**対象式**について，個体領域 U，解釈 I における「真理値」を，次のように定義する．

> **真理値の定義**
> (i) 原子対象式 $\Phi\ e_1\ e_2 \cdots\cdots e_n$ は，順序 n 組 $\langle e_1, e_2, \cdots\cdots, e_n \rangle$（ただし，$n=1$ のときは e_1）が $I(\Phi)$[4] に属するときに真，属さないときに偽である．（注意：**閉じた**原子対象式の述語記号の後に並ぶのは，すべて「個体そのもの」である．）
> (ii) 対象式 A, B について，$\neg A$, $A \wedge B$, $A \vee B$, $A \to B$ の真理値は，命題論理における真理表によって定義する．
> (iii) 対象式 $(\forall t)A$ が真であるのは，個体領域 U に属する**すべての**個体 e について $A[t, e]$ が真であるときであり，それ以外の場合には $(\forall t)A$ は偽である．
> (iv) 対象式 $(\exists t)A$ が真であるのは，個体領域 U に属する**少なくとも一つの**個体 e について $A[t, e]$ が真であるときであり，それ以外の場合には $(\exists t)A$ は偽である．

ここまでで，すべての閉じた**対象式**の真理値が定義された．そしてその一部である**純粋な**閉じた対象式の真理値に等しいものとして，それに一致する純粋な閉じた**論理式**の真理値を定義する．するとまだ残っているのは，純粋でない（つ

まり個体パラメターを含む）閉じた論理式だけである．その真理値は，次のように定義される．

> (v) 個体パラメター $s_1, s_2, \ldots, s_n$ を含む閉じた**論理式** A の，（個体領域 U での解釈 I における）真理値は，A の中の $s_1, s_2, \ldots, s_n$ のすべての現われを，それぞれ U に属する個体 $I(s_1), I(s_2), \ldots, I(s_n)$ に置き換えてできる**対象式**の，I における真理値に一致する．

今後，以上の(i)～(v)を〈**真理値の定義**〉と呼ぶことにする[5]．〈真理値の定義〉の(iii)と(iv)からわかる一つのことは，例えば '$(\forall x)Fx$' と '$(\forall y)Fy$'，'$(\exists x)Fx$' と '$(\exists y)Fy$' が，同じ真理値をもつはずだ，ということである．なぜなら，(iii)と(iv)（それ以外では，個体変項は関わっていない）での個体変項の働きとは，量化子の中の個体変項と**同じ個体変項**の自由な現われが，個体そのものに置き換えられる，ということだけであり，**一貫して「同じ個体変項」**を使う限り，それが 'x' であろうが 'y' であろうが，真理値に影響を及ぼさないからである．

実際の適用

では，〈真理値の定義〉の適用の仕方を，いくつかの簡単な例で見ておくことにしよう．

例1 （純粋な論理式で，個体変項が一つの場合）個体領域 U として，先の三人の人間の集合 {太郎, 花子, 次郎} をとったとき，次のような解釈 I において論理式 ① '¬($\exists x$)($Fx \land Gx$)'，② '($\forall y$)(¬$Gy \to Fy$)' がどのような真理値をもつかを，調べてみよう．

〈解釈 I〉
　　$I(F)$ = {太郎, 次郎}
　　$I(G)$ = {太郎, 花子}
　　（それ以外の述語記号や，個体パラメーターに対する解釈は，何でもよいので省略する．）

①　¬($\exists x$)($Fx \land Gx$)

　この論理式（純粋な対象式）は ¬A という形をしているので，(ii)により，もし A（つまり '($\exists x$)($Fx \land Gx$)'）が真であれば偽，A が偽であれば真である．そこで A の真理値を調べる．

　A は ($\exists x$)B という形をしているので，(iv)により，個体領域 U に属する少なくとも一つの個体 e について $B[x, e]$ が真であれば真，U に属するどの個体 e についても $B[x, e]$ が偽であれば，偽である．そしてこの場合，$B[x, e]$ は '$Fe \land Ge$' という（閉じた）対象式である．(ii)により，これは，'Fe' と 'Ge' の両方が真のときに真，それ以外のときに偽である．そして(i)により，これら二つの対象式は，個体 e がそ

れぞれ $I(F)$ および $I(G)$ に属するならば真,属さないならば偽である.

e は,太郎,花子,および次郎のうちのいずれかであるが,上の〈解釈 I〉を見ると,太郎は,$I(F)$ にも $I(G)$ にも属する.したがって,$e=$太郎の場合に,'Fe' と 'Ge' の両方が真となる.こうして,個体領域 U に属する少なくとも一つの個体 e(すなわち太郎)について,$B[x, e]$(すなわち '$Fe \wedge Ge$')が真であり,ゆえに '$(\exists x)(Fx \wedge Gx)$' は真,つまり '$\neg(\exists x)(Fx \wedge Gx)$' は偽である.

と,まあこんな具合に考えればよいのだが,以上は,いわば「考え方」の説明であって,そのうちのかなりの部分は「ひとりごと」に属する.「答案」としては,もっと短く,次のように書けば十分である.

> $e=$太郎 の場合,$e \in I(F)$, $e \in I(G)$.
> ∴ 'Fe' と 'Ge' は真. (i)
> ∴ '$Fe \wedge Ge$' は真. (ii)
> ∴ '$(\exists x)(Fx \wedge Gx)$' は真. (iv)
> ∴ '$\neg(\exists x)(Fx \wedge Gx)$' は偽. (ii)

ただしここで,'$\in$' は,「集合に属する」ことを意味し,それぞれの主張の右につけたローマ数字の番号は,〈真理値の定義〉の番号である.

「考え方」としては,いわば「外側」から,つまり,その論理式を(形成規則にしたがって)作るときに**最後にやったこ**

とから始めて，次第に**内側**へと分析してゆき，(多くの場合)「原子対象式」に至るのだが，「答案」は，こうして到達した**原子対象式から始めて**，〈真理値の定義〉を適用してゆけばよいのである．次の②については，「答案」だけを示す．

なお——これは重要なことなのだが——上の「答案」の2, 3行目が，右側に引っ込んでいるのは，「$e=$太郎の場合」という限定が，3行目まで及んでいることを示している．(4行目以降には，その限定は及ばない．) 特に，次の②のように「場合分け」が登場する場合など，それぞれの主張がどのような「場合」についてのものであるのかをはっきりとさせておかないと，混乱が生じるので注意していただきたい．

② $(\forall y)(\neg Gy \rightarrow Fy)$

(1) $e=$太郎の場合，$e \in I(F)$．
　　　　　∴ 'Fe' は真．(i)
　　　　　∴ '$\neg Ge \rightarrow Fe$' は真．(ii)
(2) $e=$花子の場合，$e \in I(G)$．
　　　　　∴ 'Ge' は真．(i)
　　　　　∴ '$\neg Ge$' は偽．(ii)
　　　　　∴ '$\neg Ge \rightarrow Fe$' は真．(ii)
(3) $e=$次郎の場合，(1)と同様に '$\neg Ge \rightarrow Fe$' は真．

∴以上の(1)～(3)より，'$(\forall y)(\neg Gy \rightarrow Fy)$' は真．(iii)

例2 （純粋な論理式で，個体変項が二つの場合）個体領域 U としてはやはり {太郎, 花子, 次郎} をとり，次の解釈 I における，論理式① '$(\forall x)(\exists y)Fxy$' と② '$(\exists y)(\forall x)Fxy$' の真理値を調べる．（このような「多重量化」の真理値は，注意深く調べる必要がある．また，「考え方」から説明する．）

〈解釈 I〉
   $I(F)$ = {〈太郎, 花子〉, 〈花子, 次郎〉, 〈次郎, 花子〉}
   （もし，太郎も次郎も花子を愛しており，花子は次郎を愛しているならば（そしてそれ以外には，この三人の間で「愛している」という関係が成り立っていない——自分自身を愛することも含めて——ならば），$Fxy : x$ は y を愛している　という具体的解釈を考えることができる．ここでの①と②については，第5章の初めを参照．）

① $(\forall x)(\exists y)Fxy$

この論理式の真理値を調べるには，個体領域 U の**すべて**の個体 e_1 について，'$(\exists y)Fe_1 y$' が真となるかどうかを調べればよい．そして，ある一つの個体 e_1 について '$(\exists y)Fe_1 y$' の真理値を調べるためには，その e_1 と，個体領域 U の**少なくとも一つ**の個体 e_2 について，'$Fe_1 e_2$' が真となるかどうかを調べればよい．やはり，e_1 について三つの場合を分けて考える．（上に挙げた具体的解釈を使って述べる．）

6　述語論理における真理値と妥当性　121

(1) $e_1=$太郎の場合，太郎は花子を愛している（〈太郎, 花子〉$\in I(F)$）ので，$e_2=$花子の場合に，'Fe_1e_2' は真．(i)
∴ '$(\exists y)Fe_1y$' は真．(iv)
(2) $e_1=$花子の場合，花子は次郎を愛しているので，同様に '$(\exists y)Fe_1y$' は真．(i), (iv)
(3) $e_1=$次郎の場合，次郎は花子を愛しているので，同様に '$(\exists y)Fe_1y$' は真．(i), (iv)

こうして，U のすべての個体 e_1 について '$(\exists y)Fe_1y$' が真であるので，初めの論理式（対象式）'$(\forall x)(\exists y)Fxy$' は真．(iii)

② $(\exists y)(\forall x)Fxy$

これは，①とは量化の順序が逆になっている．そこで今度は，U の**少なくとも一つ**の個体 e_1 について '$(\forall x)Fxe_1$' が真となるかどうかを調べなければならない．そして，ある一つの個体 e_1 について '$(\forall x)Fxe_1$' の真理値を調べるためには，その e_1 と，U の**すべて**の個体 e_2 について，'Fe_2e_1' が真となるかどうかを調べればよい．しかし解釈 I を見ると，（例の具体的解釈を使って言えば）ある一人の人 e_1 について「誰もが e_1 を愛している」ということはない．つまり，'$(\forall x)Fxe_1$' が真となるような e_1 は存在しない．したがって，初め

の論理式 '$(\exists y)(\forall x)Fxy$' は偽である．以下，「答案」．

> (1) e_1＝太郎の場合，e_2 が何であろうと $\langle e_2, e_1 \rangle \notin I(F)$.
> $\therefore$ 'Fe_2e_1' は偽．(i)
> $\therefore$ '$(\forall x)Fxe_1$' は偽．(iii)
> (2) e_1＝花子の場合，e_2＝花子の場合，$\langle e_2, e_1 \rangle \notin I(F)$.
> $\therefore$ 'Fe_2e_1' は偽．(i)
> $\therefore$ '$(\forall x)Fxe_1$' は偽．(iii)
> (3) e_1＝次郎の場合，e_2＝太郎の場合，$\langle e_2, e_1 \rangle \notin I(F)$.
> $\therefore$ 'Fe_2e_1' は偽．(i)
> $\therefore$ '$(\forall x)Fxe_1$' は偽．(iii)
>
> $\therefore$ 以上の(1)〜(3)より，'$(\exists y)(\forall x)Fxy$' は偽．(iv)

（注意）上の(1), (2), (3)それぞれの2行目は，3行目以上に右側に引っ込んでいるが，それは，「e_1＝……の場合」という限定だけでなく，「e_2＝……の場合」（あるいは，「e_2 が何であろうと」）という限定も，2行目に及んでいる（3行目には及ばない）ことを示している．

例3 （純粋でない論理式の場合）個体領域 U として先の三人の人間の集合をとったとき，次のような解釈 I において，論理式① '$\neg(\exists x)(Fx \wedge Gxa)$' および ② '$(\forall x)(Fx \rightarrow [(\exists y)Gxy \vee Gax])$' がどのような真理値をもつかを調べてみる．

〈解釈 I〉

　　$I(F)$＝{太郎, 次郎}

　　$I(G)$＝{〈太郎, 花子〉,〈花子, 次郎〉}

　　$I(a)$＝花子

　　($Fx：x$ は男である，という具体的解釈を考えることができる．また，もし太郎は花子を愛しており，花子は次郎を愛しており，それ以外には「愛している」という関係が成り立っていないならば，$Gxy：x$ は y を愛している，という具体的解釈を考えることができる．)

① 　$\neg(\exists x)(Fx \wedge Gxa)$
　　(男であって，花子を愛している者はいない．)

　この論理式には，個体パラメター 'a' が含まれるので，〈真理値の定義〉(v)により，I におけるその真理値は，**対象式** '$\neg(\exists x)(Fx \wedge Gx\boldsymbol{I}(a))$' の，$I$ における真理値に一致する．そして例1-①と同様に，この対象式は，もし '$(\exists x)(Fx \wedge GxI(a))$' が真であれば偽，偽であれば真である．そこで，'$(\exists x)(Fx \wedge GxI(a))$' の真理値を調べる．

　それは $(\exists x)B$ という形をしているので，〈真理値の定義〉(iv)により，U に属する少なくとも一つの個体 e について $B[x, e]$ が真であれば真，そうでなければ偽である．この場合，$B[x, e]$ は '$Fe \wedge GeI(a)$' という対象式である．そして，これが真であるのは，'Fe' と '$GeI(a)$' とが共に真である場

合のみである．解釈 I を見ると，$e=$ 太郎であれば，'Fe' と '$GeI(a)$' とが共に真であることがわかる．（なぜなら，太郎 は $I(F)$ に属し，$I(a)$ は花子であり，〈太郎, 花子〉が $I(G)$ に属するからである．）したがって，U に属する少なくとも 一つの個体 e について '$Fe \wedge GeI(a)$' は真である．ゆえに， 解釈 I において**対象式** '$(\exists x)(Fx \wedge GxI(a))$' は真，したが って '$\neg(\exists x)(Fx \wedge GxI(a))$' は偽である．それゆえ，$I$ にお いて**論理式** '$\neg(\exists x)(Fx \wedge Gxa)$' は偽である．以下，「答案」．

$e=$ 太郎の場合，$e \in I(F)$.
　　　　　　∴ 'Fe' は真． (i)
　　　　　　$\langle e, I(a) \rangle \in I(G)$.
　　　　　　∴ '$GeI(a)$' は真． (i)
　　　　　　∴ '$Fe \wedge GeI(a)$' は真． (ii)
∴ '$(\exists x)(Fx \wedge GxI(a))$' は真． (iv)
∴ '$\neg(\exists x)(Fx \wedge GxI(a))$' は偽． (ii)
∴ '$\neg(\exists x)(Fx \wedge Gxa)$' は偽． (v)

② $(\forall x)\{Fx \rightarrow [(\exists y)Gxy \vee Gax]\}$
　　（すべての x について，もし x が男であれば，x が愛 している者がいるか，または花子が x を愛している．）

①と同様に**対象式** '$(\forall x)\{Fx \rightarrow [(\exists y)Gxy \vee G\boldsymbol{I(a)}x]\}$' を 作ると，この対象式は $(\forall x)A$ という形をしているので， (iii) により，U に属するすべての個体 e について，$A[x, e]$

6　述語論理における真理値と妥当性　125

が真であるかどうかを調べなければならない．この場合，$A[x, e]$ は '$Fe→[(\exists y)Gey \lor GI(a)e]$' という対象式である．(ii) により，この対象式の真理値は，'Fe' と '$(\exists y)Gey \lor GI(a)e$' の真理値から，真理表によって決定される．$e$ が，U に属する三つの個体のそれぞれである場合について，考えてみなければならない．

(1) e＝太郎の場合．

解釈 I を見ると，太郎は $I(F)$ に属するので，'Fe' は真である．次に '$(\exists y)Gey \lor GI(a)e$' を見る．これは '$(\exists y)Gey$' と '$GI(a)e$' との選言である．'$(\exists y)Gey$' が真であるかどうかは，太郎が愛している人間がいるかどうかによる．解釈 I を見ると，太郎は花子を愛しているので，'$(\exists y)Gey$' は真である．真理表により，少なくとも一方の選言肢が真であれば，選言全体も真であるから，'$(\exists y)Gey \lor GI(a)e$' も真である．そして再び真理表により，'$Fe→[(\exists y)Gey \lor GI(a)e]$' は真である．（実は，後件が真であれば，前件の真偽に関わりなく条件法は真になるので，初めの「'Fe' は真である」ことを確かめる部分は，不必要であった．）

(2) e＝花子の場合．

花子は $I(F)$ に属さないので，この場合には 'Fe' は偽である．したがって真理表により，'$Fe→[(\exists y)Gey \lor GI(a)e]$' は真である．

(3) $e=$次郎の場合.

次郎は $I(F)$ に属するので, この場合 'Fe' は真である. ((1)と同様, この部分は実際には不要.) そこで '$(\exists y)Gey \vee GI(a)e$' を見る.

(1)と同様に, まず '$(\exists y)Gey$' について. 解釈 I において, 次郎は誰も愛していないので, '$(\exists y)Gey$' は偽である. では '$GI(a)e$' はどうか? $I(a)$ は花子であり, 花子は次郎を愛しているので, '$GI(a)e$' は真である. ゆえに, '$(\exists y)Gey \vee GI(a)e$' も真であり, '$Fe \to [(\exists y)Gey \vee GI(a)e]$' は真である.

こうして, U に属するすべての個体 e について '$Fe \to [(\exists y)Gey \vee GI(a)e]$' が真であることがわかった. それゆえ(iii)により, **対象式** '$(\forall x)\{Fx \to [(\exists y)Gxy \vee GI(a)x]\}$' は, I において真であり, したがって(v)により, **論理式** '$(\forall x)\{Fx \to [(\exists y)Gxy \vee Gax]\}$' は, I において真である. 以下, 「答案」.

---

(1) $e_1=$太郎の場合, $e_2=$花子の場合, $\langle e_1, e_2 \rangle \in I(G)$.
         ∴ 'Ge_1e_2' は真. (i)
    ∴ '$(\exists y)Ge_1y$' は真. (iv)
    ∴ '$(\exists y)Ge_1y \vee GI(a)e_1$' は真. (ii)
    ∴ '$Fe_1 \to [(\exists y)Ge_1y \vee GI(a)e_1]$' は
    真. (ii)

(2) $e_1=$花子の場合, $e_1 \notin I(F)$.

6 述語論理における真理値と妥当性

> ∴ 'Fe_1' は偽. (i)
> ∴ '$Fe_1 \rightarrow [(\exists y)Ge_1 y \vee GI(a)e_1]$' は真. (ii)
>
> (3) $e_1 =$ 次郎の場合,$\langle I(a), e_1 \rangle \in I(G)$.
> ∴ '$GI(a)e_1$' は真. (i)
> ∴ '$(\exists y)Ge_1 y \vee GI(a)e_1$' は真. (ii)
> ∴ '$Fe_1 \rightarrow [(\exists y)Ge_1 y \vee GI(a)e_1]$' は真. (ii)
>
> ∴ 以上の (1)〜(3) より,'$(\forall x)\{Fx \rightarrow [(\exists y)Gxy \vee GI(a)x]\}$' は真. (iii)
> ∴ '$(\forall x)\{Fx \rightarrow [(\exists y)Gxy \vee Gax]\}$' は真. (v)

練習 個体領域を{太郎, 花子, 次郎}として,次に指定する解釈 I における,以下の論理式①〜⑥の真理値を調べよ.

〈解釈 I〉
  $I(F) = \{$太郎, 花子$\}$
  $I(G) = \{$次郎$\}$
  $I(H) = \{\langle$太郎, 花子$\rangle, \langle$次郎, 花子$\rangle, \langle$花子, 太郎$\rangle\}$
  $I(a) = $ 花子
  $I(b) = $ 太郎

① $(\exists x)Fx \wedge (\exists x)Gx$

② $(\exists x)(Fx \wedge Gx)$
③ $(\forall x)Hxa \to Hba$
④ $(\forall x)(\exists y)Hxy$
⑤ $(\exists y)(\forall x)Hxy$
⑥ $(\forall x)(\forall y)[(Fy \wedge Gx) \to Hxy]$

§2 妥当性と充足可能性

前節では,個体領域と解釈を指定した上で,ある論理式が真となるか偽となるかを考えたが,「**論理的真理**」とは,**すべての個体領域,すべての解釈において真となるような論理式**(あるいはそれに「具体的解釈」を与えてできる命題)である.そのような論理式を「**妥当**」であると言う.「妥当性」も含めて,いくつかの用語を定義しておく.

定義
(1) **妥当性** (validity)
　　論理式 A が**妥当** (valid) であるとは,**すべての個体領域でのすべての解釈において,A が真となることである**.
(2) **充足可能性** (satisfiability)
　　論理式 A が**充足可能** (satisfiable) であるとは,**少なくとも一つの個体領域での少なくとも一つの解釈において,A が真となることである**.

また，論理式の**集合 S が充足可能である**とは，**少なくとも一つの個体領域での少なくとも一つの解釈において，S のすべての要素が（同時に）真となる**ことである．（S がただ一つの論理式からなる集合の場合，S の充足可能性は，その論理式の充足可能性と一致する.）
(3)　**モデル**（model）
　　論理式の集合 S の**モデル**とは，S のすべての要素が（同時に）真となるような（ある個体領域における）解釈のことである．

　論理式の集合 S が**充足可能である**，ということは，S が少なくとも一つのモデルをもつ，と言い換えることができる．
　A が**妥当**であれば，そしてそのときに限って，$\neg A$ は**充足可能でない**．また，A が**充足可能**であれば，そしてそのときに限って，$\neg A$ は**妥当でない**．（この二つのことがなぜ成り立つかを説明してみよう.）
　妥当性や充足可能性は，次のように，**個体領域と相対的に**言われることもある．

(4)　論理式 A が**個体領域 U において妥当である**とは，U でのすべての解釈において，A が真となることである．また，A（あるいは論理式の集合 S）が U において**充足可能である**とは，U での少なくとも一つの解釈において，A（または S のすべての要素）が真となることである．

すると，A が妥当であるとは，A がすべての個体領域において妥当であることであり，A（または S）が充足可能であるとは，A（または S）が**少なくとも一つの個体領域において充足可能**であることである．

一般に，**ある個体領域における**妥当性および充足可能性は，その個体領域の大きさ（個体領域となる集合の「濃度」——有限ならば要素の数，無限ならば無限性の「程度」）だけに依存する．例えば，個体領域 {太郎, 花子, 次郎} において妥当な論理式は，個体領域 {三郎, 助六, ひろみ} においても妥当である．このことが成り立つのは，もっと一般的に言えば，大きさ（濃度）が同じであるような二つの集合の要素の間には，1 対 1 の対応が成り立ち，したがって，一方の個体領域での解釈を他方での解釈へと，1 対 1 に対応させることができるからである．

さて，既に述べたように（第 3 章），述語論理における妥当性については，命題論理におけるトートロジーの場合とは違って，有限で機械的な「決定手続き（decision procedure）」が存在しない．しかし，ある論理式が妥当であることを証明するための，「健全」で「完全」な方法がある．その一つが，次章に述べる**タブローの方法**である．それが「健全」で「完全」であることは，第 8 章で証明する．

6 述語論理における真理値と妥当性　131

7 述語論理のタブロー

「普遍タイプ」と「存在タイプ」

述語論理のタブローに現われるのは，符号付きの**閉じた**論理式であるが，そこには，第3章で「直接帰結タイプ」，「枝分かれタイプ」と呼んだ（符号付きの）論理式（59ページ．ただしこの章ではもちろん，A や B を述語論理の論理式と読み替える）の他に，次に挙げる「**普遍タイプ**」の論理式と「**存在タイプ**」の論理式が登場する．命題論理のタブローにおける（符号付きの）**命題変項**に対応するのは，（符号付きの，そして閉じた）**原子式**である．

> (イ) **普遍タイプの（符号付きの）論理式**
>
> $\top : (\forall t)A$, $\bot : (\exists t)A$
>
> (ロ) **存在タイプの（符号付きの）論理式**
>
> $\top : (\exists t)A$, $\bot : (\forall t)A$

ここで注意してほしいのは，普遍量化に '⊥：' がついた論理式は「**存在タイプ**」であり，存在量化に '⊥：' がついた論理式は「**普遍タイプ**」であることである．（符号付きでない）

論理式に '⊥:' をつけることは，もとの論理式の**否定**と実質的に等しいが，普遍量化の否定（すべてが……であるわけではない）は，ある種の存在量化（……でないものが存在する）と同じ働きをし，存在量化の否定（……は存在しない）は，ある種の普遍量化（すべては……でない）と同じ働きをするからである．

前章の（対象式 A に対する）$A[t, e]$ の定義と類比的に（そして，前章の注 5) で既に用いたように），必ずしも閉じていない論理式 A の中の個体変項 t のすべての**自由な現われ**を，個体パラメーター s に置き換えてできる論理式を，$A[t, s]$ と書くことにする．（もし A に t の自由な現われが全くないならば，A と $A[t, s]$ とは全く同じ論理式である．）そして，s を任意の個体パラメーターとしたとき，「普遍タイプ」の論理式 γ について，それに対応する $\gamma(s)$ を次のように定義する．

γ	$\top : (\forall t)A$	$\bot : (\exists t)A$
$\gamma(s)$	$\top : A[t, s]$	$\bot : A[t, s]$

同様に，s を任意の個体パラメーターとしたとき，「存在タイプ」の論理式 δ について，それに対応する $\delta(s)$ を次のように定義する．

δ	$\top : (\exists t)A$	$\bot : (\forall t)A$
$\delta(s)$	$\top : A[t, s]$	$\bot : A[t, s]$

7 述語論理のタブロー

つまり、γ から $\gamma(s)$ を、あるいは δ から $\delta(s)$ を作るためには、符号はそのままにして、量化子を消し、その結果、個体変項 t の「自由な現われ」となったものを、個体パラメター s に置き換えるのである。

充足可能性についての四つの事実

さて、上で導入した記号を使って「述語論理のタブロー」を定義する（140〜141 ページ）のであるが、その前に、そのようにタブローを定義することの根拠となる事柄を提示しておく。（実は、その「根拠」を厳密に述べることは、そのままタブローの方法の「健全性」の証明となる。第 8 章でそれを証明するが、その証明の主な部分は、ここで与えられる。）

述語論理の論理式の真理値と充足可能性について前章で述べたことから、「**充足可能性**」について次の四つの事実が帰結する。ただし、S は（符号付きの閉じた）論理式の集合であり、$\alpha, \beta, \gamma, \delta$ は、それぞれ「直接帰結タイプ」、「枝分かれタイプ」、「普遍タイプ」、「存在タイプ」の任意の（符号付きの閉じた）論理式であり、そして α_1, α_2, および β_1, β_2 は、第 3 章の定義（60〜61 ページ）にしたがい、$\gamma(s), \delta(s)$ は上の定義にしたがうものとする。（'α', 'β', 'γ', 'δ' 等の記号は、本書のこれ以降の部分で、一貫してこのように使う。）

⟨1⟩　もし S が充足可能であり、α が S に属するならば、$S \cup \{\alpha_1, \alpha_2\}$ は充足可能である。

⟨2⟩　もし S が充足可能であり，β が S に属するならば，$S \cup \{\beta_1\}$ と $S \cup \{\beta_2\}$ のうちの少なくとも一方は，充足可能である．

⟨3⟩　もし S が充足可能であり，γ が S に属するならば，**任意の**個体パラメター s について，$S \cup \{\gamma(s)\}$ は充足可能である．

⟨4⟩　もし S が充足可能であり，δ が S に属し，そして s が，**S のいかなる要素にも現われない**個体パラメターであるならば，$S \cup \{\delta(s)\}$ は充足可能である．

ここで，$X \cup Y$ は，集合 X と集合 Y との「和集合」，すなわち，X の要素と Y の要素とをすべて合わせた集合である．また，例えば $\{\beta_1\}$ とは，β_1 というただ一つの要素をもつ集合である．

⟨1⟩〜⟨4⟩ のうち，⟨1⟩ と ⟨2⟩ の証明は容易なので，練習問題とし，⟨3⟩ と ⟨4⟩ の証明を与えておこう．

練習 1　上の ⟨1⟩ と ⟨2⟩ が成り立つことを証明せよ．（第 4 章の ⟨定理 1⟩ の証明（80〜81 ページ）が大いに参考になる．）

⟨⟨3⟩ の証明⟩

（イ）　γ が T : $(\forall t) A$ の場合．

もし S が充足可能であり，γ が S に属するならば，S のすべての要素（γ を含めて）が同時に真となるような，個体領域 U とそこでの解釈 I が存在する．その場合 γ は I において真

7　述語論理のタブロー

であり，したがって当然 $(\forall t)A$ は解釈 I において真である．そしてそのことから，$\gamma(s)$ すなわち⊤：$A[t, s]$ が（つまりは $A[t, s]$ が）やはり解釈 I において真であることが言えれば，〈3〉が証明される．なぜならその場合，$S \cup \{\gamma(s)\}$ のすべての要素が解釈 I において真であり，それゆえ $S \cup \{\gamma(s)\}$ は充足可能であることがわかるからである．

さて，A に現われるすべてのパラメター u を個体 $I(u)$ に置き換えてできる**対象式**を A' とすれば，$(\forall t)A'$ も I において真である（〈真理値の定義〉(v) 参照）．したがって，個体領域 U に属する**いかなる個体 e についても**，対象式 $A'[t, e]$ は I において真である（〈真理値の定義〉(iii) 参照）．それゆえ，**任意の**パラメター s について，$A'[t, I(s)]$ も，もちろん I において真である．しかるに $A'[t, I(s)]$ とは，$\boldsymbol{A[t, s]}$ に現われるすべてのパラメター u（s も含めて）を個体 $I(u)$ に置き換えたものである．（なぜなら，A から A' を作るときに，s 以外のすべてのパラメター u が $I(u)$ に置き換えられ，そして $A'[t, I(s)]$ では，$A[t, s]$ に現われた s も，$I(s)$ に置き換えられているからである[1]．）ゆえに，**任意の**パラメター s について，$A[t, s]$ は（それゆえ $\gamma(s)$ ——すなわち⊤：$A[t, s]$——は）I において真である（同じく (v) 参照）．したがって，I において $S \cup \{\gamma(s)\}$ のすべての要素が同時に真となる．それゆえ，$S \cup \{\gamma(s)\}$ のすべての要素を同時に真とする解釈が存在するので，$S \cup \{\gamma(s)\}$ は充足可能である．

　（ロ）　γ が ⊥：$(\exists t)A$ の場合．

（イ）の場合と同様に個体領域 U，解釈 I，および対象式 A' を考える。γ すなわち $\bot:(\exists t)A$ が I において真なので，$(\exists t)A$ は I において偽であり，したがって $(\exists t)A'$ も I において偽である（〈真理値の定義〉(v)）。それゆえ，個体領域 U に属するいかなる個体 e についても，対象式 $A'[t,e]$ は I において偽である(iv)。そこで，任意のパラメター s について，$A'[t,I(s)]$ は I において偽である。すると（イ）と同様，$A[t,s]$ は I において偽であり(v)，$\gamma(s)$（すなわち $\bot:A[t,s]$）は I において真となる。したがってやはり，$S\cup\{\gamma(s)\}$ は充足可能である。

〈(4)の証明〉

（イ） δ が $\top:(\exists t)A$ の場合．

もし S が充足可能であり，δ が S に属するならば，S のすべての要素（δ を含めて）が真となるような，個体領域 U とそこでの解釈 I が存在する．I において δ すなわち $\top:(\exists t)A$ が真なので，I において $(\exists t)A$ は真である．それゆえ，〈(3)の証明の場合と同様に A' を定義すると，〈真理値の定義〉(v) および (iv) により，個体領域 U には，対象式 $A'[t,e]$ が I において真となるような個体 e が存在する（以後，この e を中心に，証明は進む）。そこで s を，**S のいかなる要素にも**（したがって δ にも）**現われない個体パラメター**として，次のような解釈 I' を考える．すなわち I' は，$I'(s)=e$ となる以外は，I と全く同じ解釈であるとする（もし，もともと $I(s)=e$ であったならば，I と I' とは全く同じ解釈で

7 述語論理のタブロー 137

ある).すると,対象式 $A'[t, e]$ は,論理式 $A[t, s]$ に現われるすべてのパラメター u を,$I'(u)$ に置き換えたものとなる.(なぜなら,s 以外のパラメター u については,$I'(u) = I(u)$ であり——そして,A から A' を作るとき,u は $I(u)$ つまり $I'(u)$ に置き換えられた——,s については,$I'(s) = e$ だからである.)

ところで,I と I' との違いはパラメターについてだけであり,そして,対象式にはパラメターは現われない(対象式を作るときには,すべてのパラメターが個体そのものに置き換えられる)ので,I において真である対象式 $A'[t, e]$ は,I' においても真である.そこで〈真理値の定義〉(v)により,**論理式** $A[t, s]$ **も** I' **において真である**.したがって I' において,$\delta(s)$ すなわち ⊤:$A[t, s]$ は真である.

したがって,もし S のすべての要素もまた,I' **において真**であるならば,$S \cup \{\delta(s)\}$ は充足可能だということになる.なぜなら,$S \cup \{\delta(s)\}$ のすべての要素が I' において真となるからである.では,S のすべての要素が I' において真だと言えるであろうか? 幸い,そのように言える.なぜなら,S のすべての要素が I において真であり,そして I と I' とが異なるのはパラメター s についてだけであるが,s は,**S のいかなる要素にも現われない**個体パラメターだったからである.こうして,I' において,$S \cup \{\delta(s)\}$ のすべての要素が真となるので,$S \cup \{\delta(s)\}$ は充足可能である.

(ロ) δ が ⊥:$(\forall t)A$ の場合.

これは練習問題とする．

練習2 （イ）の場合を参考にして，（ロ）を証明せよ．((イ)の証明を，「δ は $\bot : (\forall t)A$ である」ということだけに注意して，「真」と「偽」を適宜変換しながら辿り直せば，(ロ)の証明ができる．)

さて，〈4〉の証明において（(イ)でも(ロ)でも），「s は S のいかなる要素にも現われない」という条件は，非常に重要である．その条件は，上の(イ)の証明の中で，2回効いてくる．1回目は，前ページ 1〜2 行目の「対象式 $A'[t, e]$ は，論理式 $A[t, s]$ に現われるすべてのパラメター u を，$I'(u)$ に置き換えたものとなる」というところである．ここでは，s は **A（あるいは，同じことであるが δ）に現われない**，というもっと弱い条件でもよい．しかし，もしその条件に反して s が A に現われているとすると，対象式 $A'[t, e]$ においては，A の中の s の場所には個体 $I(s)$ が入っているが（なぜなら，A から A' を作るときに，s の代わりに $I(s)$ が入り，さらに A' から $A'[t, e]$ を作るときは，その場所に変化はないから），それに対して，「論理式 $A[t, s]$ に現われるすべてのパラメター u を，$I'(u)$ に置き換えた」対象式においては，その作り方から明らかなように，同じ場所に $I'(s)$ が入っている，ということになる．したがって，それらの対象式が同じであるとは限らなくなるのである．

2 回目にこの条件が効いてくるのは，証明の最後の部分，

つまり，Sのすべての要素がI'において真だと言える，というところである．Sのすべての要素は，**Iにおいては真**であると仮定されていたのだが，それらがI'においても真だと言えるのは，sが，Sのいかなる要素にも現われないからである．もしSの要素（である符号付きの論理式）の中に，sを含むものがあったとしたら，その論理式がたとえIにおいて真であっても，I'において真であるとは限らないであろう．なぜなら，IとI'とでは，sに割り当てられる個体は，一般には異なるからである．

以上で取り上げてきたsについての条件は，次の〈タブローの定義〉の(d)に反映されている．

述語論理のタブローを定義する

これまでの準備の上に立って，述語論理におけるタブローを次のように定義する．ただし，α, β, γ, δ, α_1, α_2, β_1, β_2, $\gamma(s)$, $\delta(s)$は，先ほどと同じである．

（述語論理の）タブローの定義

（符号付きの）論理式Xのタブローとは，Xから出発して，次の四つの操作を任意の回数（0回を含む）適用した枝分かれ図である．

(a) 論理式αを含む枝の先に，α_1またはα_2を付け加える．

(b) 論理式 β を含む枝の先を, β_1 と β_2 に枝分かれさせる.

(c) 論理式 γ を含む枝の先に, $\gamma(s)$ を付け加える. ただし, s は**任意の**個体パラメーターである.

(d) 論理式 δ を含む枝の先に, $\delta(s)$ を付け加える. ただし, s は**その枝の中のいかなる論理式にも現われていない**個体パラメーターである.

もし, あるタブローのある一本の枝に属するすべての論理式からなる集合 S が, **充足可能**であるならば (そのことを,「その**枝が充足可能である**」と言うことにする), その枝に対してこの四つの操作のうちのどれを行なっても, その結果できる枝 (のうちの少なくとも一本) もまた充足可能であることは, 先の〈1〉〜〈4〉から容易に導き出される. そして先に触れたように (134 ページ), そのことから述語論理におけるタブローの方法の健全性が帰結する (第 8 章でその証明を与える).

(注意) 上の (d) の操作で「その枝の中のいかなる論理式にも現われていない」個体パラメーターを使う, という制限は, 前にも触れたように, 先の〈〈4〉の証明〉において, s を「S のいかなる要素にも現われない個体パラメーター」としたことと同じ理由によるが, その意図を直観的に言えば, だいたい次のようなことである.「存在タイプ」の論理式は, ある条件を満たす個体の存在を主張する ($\bot:(\forall t)A$ の場合は, ある条件を満たさない——という条件を満たす!——個体の存在). そして,「そのような個体の一つを (例えば) 'a' と呼ぶことにしよ

う」というのが，(d)の操作の意味である．その場合，もしパラメター 'a' がその枝の中で既に使われていたならば，（特に，前に同じく操作(d)でそのパラメターが導入されていた場合）'a' と呼ばれた個体が別の条件をも同時に満たすという，不当な前提が入ってしまうかもしれないので，それを避けるために新しいパラメターを使うのである．この，「新しいパラメターを使う」という規則は重要である．なぜなら，その規則を守らないと，**証明できるはずのない論理式が「証明」されてしまう**ことがあるからである．その点については，後で例を挙げて説明する[2]．

「閉じた枝」および「閉じたタブロー」の定義は，第３章の命題論理の場合と同じである．そして，⊥ : A の閉じたタブローが A の証明となる，という点も同じである．そしてまた，どの操作を行なっても**論理記号の数が減る**，という点も同じである．しかし，命題論理においてはタブローは必ず有限の段階の後に**完成する**，と言うことができたが（65ページ），述語論理ではそうは言えない．なぜなら，個体パラメターは無限にあり，同じ論理式に（同じ枝の中で）**全く同じ操作を繰り返し行なうことはしない**としても，異なる個体パラメターを次々使って，(c)と(d)の操作を無限に繰り返すことができるからである．したがって，いつまで操作を続けても終らないタブローが存在しうる．しかしその点については後で考えることにして，タブローの方法による証明をいくつかやってみよう．（論理式の番号や '×' の使い方は，第３章と同じである．）

タブローによる証明

例1 次の論理式①～⑤を，タブローの方法で証明する．

① $(\forall x)[(\forall y)Fy \to Fx]$
② $[(\forall x)Fx \land (\forall x)(Fx \to Gx)] \to (\forall x)Gx$
③ $(\exists y)(\forall x)Fxy \to (\forall x)(\exists y)Fxy$（第5章の練習4-②）
④ $(\forall x)(\exists y)Fxy \lor (\forall y)(\exists x)\neg Fxy$
⑤ $[(\exists x)Fx \lor (\exists x)Gx] \to (\exists x)(Fx \lor Gx)$

---

① $(\forall x)[(\forall y)Fy \to Fx]$
 ('$(\forall y)$' の作用範囲が 'Fy' だけであることに注意.)

   (1) $\bot : (\forall x)[(\forall y)Fy \to Fx]$
   (2) $\bot : (\forall y)Fy \to Fa$ (1)
   (3) $\top : (\forall y)Fy$ (2)
   (4) $\bot : Fa$ (2)
   (5) $\top : Fa$ (3)
      ×
     (4), (5)

② $[(\forall x)Fx \land (\forall x)(Fx \to Gx)] \to (\forall x)Gx$

(1) $\bot : [(\forall x)Fx \land (\forall x)(Fx \to Gx)] \to (\forall x)Gx$
(2) $\top : (\forall x)Fx \land (\forall x)(Fx \to Gx)$ (1)
(3) $\bot : (\forall x)Gx$ (1)
(4) $\top : (\forall x)Fx$ (2)
(5) $\top : (\forall x)(Fx \to Gx)$ (2)
(6) $\bot : Ga$ (3)
(7) $\top : Fa$ (4)
(8) $\top : Fa \to Ga$ (5)

(8)

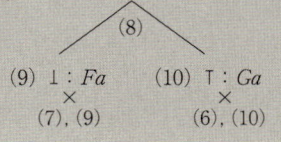

(9) $\bot : Fa$ (10) $\top : Ga$
  ×   ×
(7), (9)   (6), (10)

(注意) このタブローで,(6)と(7)の順序を逆にすることはできない,という点に注意せよ.なぜ逆にできないのかを説明してみよう.

③ $(\exists y)(\forall x)Fxy \to (\forall x)(\exists y)Fxy$

 (1) $\bot : (\exists y)(\forall x)Fxy \to (\forall x)(\exists y)Fxy$
 (2) $\top : (\exists y)(\forall x)Fxy$ (1)
 (3) $\bot : (\forall x)(\exists y)Fxy$ (1)
 (4) $\top : (\forall x)Fxa$ (2)
 (5) $\bot : (\exists y)Fby$ (3)
 (6) $\top : Fba$ (4)
 (7) $\bot : Fba$ (5)
   ×
  (6), (7)

④ $(\forall x)(\exists y)Fxy \lor (\forall y)(\exists x)\neg Fxy$

 (1) $\bot : (\forall x)(\exists y)Fxy \lor (\forall y)(\exists x)\neg Fxy$
 (2) $\bot : (\forall x)(\exists y)Fxy$ (1)
 (3) $\bot : (\forall y)(\exists x)\neg Fxy$ (1)
 (4) $\bot : (\exists y)Fay$ (2)
 (5) $\bot : (\exists x)\neg Fxb$ (3)
 (6) $\bot : Fab$ (4)
 (7) $\bot : \neg Fab$ (5)
 (8) $\top : Fab$ (7)
   ×
  (6), (8)

7 述語論理のタブロー

⑤ $[(\exists x)Fx \vee (\exists x)Gx] \to (\exists x)(Fx \vee Gx)$

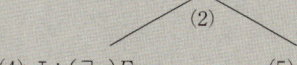

(1) $\perp : [(\exists x)Fx \vee (\exists x)Gx] \to (\exists x)(Fx \vee Gx)$
(2) $\top : (\exists x)Fx \vee (\exists x)Gx$ (1)
(3) $\perp : (\exists x)(Fx \vee Gx)$ (1)

(2)

(4) $\top : (\exists x)Fx$	(5) $\top : (\exists x)Gx$
(6) $\top : Fa$ (4)	(9) $\top : Ga$ (5)
(7) $\perp : Fa \vee Ga$ (3)	(10) $\perp : Fa \vee Ga$ (3)
(8) $\perp : Fa$ (7)	(11) $\perp : Ga$ (10)
×	×
(6), (8)	(9), (11)

　以上のいくつかの例において明らかなように,「普遍タイプ」の論理式と「存在タイプ」の論理式とが, 同じ枝の中に出てくる場合,**「存在タイプ」の論理式に対する操作を先に行なった方が**, 個体パラメーターを自由に使えるので一般にうまくゆく (むしろ, そうしなければ証明できない場合がほとんどである).「存在タイプ」の論理式に対する操作で**新しいパラメーターを導入**し, その後で,「普遍タイプ」の論理式に対する操作で**同じパラメーターをぶつける**というのが, このような場合の基本的な作戦である. 存在タイプで「存在する」と言われている個体を 'a' と名づけ, その後で, 普遍タイプで「すべての個体が満たす」と言われている条件を, その a も満たすだろう, ともってゆくわけである.

②の(注意)に述べたように,そこで(6)と(7)の順序を逆にしてはならない.なぜなら,(6)の元となった(3)は存在タイプであり,もし(7)を先に出すと,その後で(6)のように同じパラメターを「ぶつける」ことは,規則違反になるからである.特に⑤において(2)から(4)と(5)へ**枝分かれした後で,それぞれの枝で**(3)に対する操作をしたのも,同じ理由による(このような事情がなければ,「枝分かれ」はできるだけ後でやった方が,重複が少ない).なぜなら,枝分かれした論理式(4)および(5)が「存在タイプ」なので,任意の個体パラメターを使える「普遍タイプ」の(3)は,同じパラメターを「ぶつける」ために,その後までとっておきたかったのである.なお,左右どちらの枝にも,(操作(d)によって導入された)同じ個体パラメター 'a' が現われるが,これは「規則違反」ではない.なぜなら,**それぞれの枝では**,'a' は新しいパラメターだからである.もちろん異なるパラメターを使ってもよい.

「多重量化」が現われる③や④でも,操作(d)におけるパラメターの規則に注意してもらいたい.③と④のどちらにおいても,(2)と(3)が共に存在タイプであるために,それらに対する操作(d)の結果である(4)と(5)では,異なるパラメターを使わなければならなかった.

なお,命題論理のところで,操作が終了した論理式には「✓」をつけることを勧めたが,普遍タイプや存在タイプの論理式の場合には,異なるパラメターを使って再び操作を加える可能性があるので,別のしるし(例えば「―」)をつける方がよいであろう.もう少し複雑な場合も考えておこう.

7 述語論理のタブロー

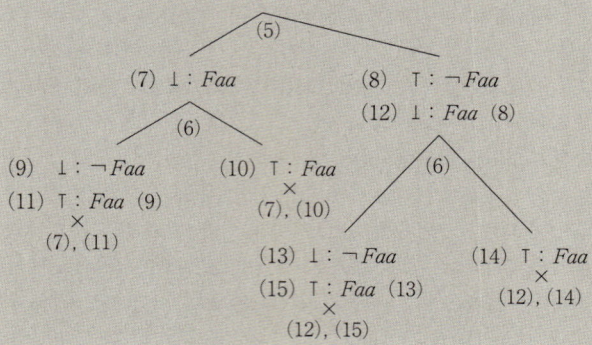

例 2　次の論理式①, ②を, タブローの方法で証明する.

① $\neg(\exists x)(\forall y)(Fxy \leftrightarrow \neg Fyy)$
② $\{(\forall x)[(Fx \land Gx) \to \neg Hx] \land (\forall x)(Hx \to Gx)\}$
　　$\to \neg(\exists x)(Fx \land Hx)$

① $\neg(\exists x)(\forall y)(Fxy \leftrightarrow \neg Fyy)$
　（'$\leftrightarrow$' を含む論理式の場合には，その定義（99 ページ）にしたがって書き換えた論理式のタブローを書く.）

(1) $\bot : \neg(\exists x)(\forall y)[(Fxy \to \neg Fyy) \land (\neg Fyy \to Fxy)]$
(2) $\top : (\exists x)(\forall y)[(Fxy \to \neg Fyy) \land (\neg Fyy \to Fxy)]$　(1)
(3) $\top : (\forall y)[(Fay \to \neg Fyy) \land (\neg Fyy \to Fay)]$　(2)
(4) $\top : (Faa \to \neg Faa) \land (\neg Faa \to Faa)$　(3)
(5) $\top : Faa \to \neg Faa$　(4)
(6) $\top : \neg Faa \to Faa$　(4)

　　　　　　　　　　　　(5)
　　　(7) $\bot : Faa$　　　　　　(8) $\top : \neg Faa$
　　　　　　　　　　　　　　　　　(12) $\bot : Faa$　(8)
　　　　　(6)
(9) $\bot : \neg Faa$　(10) $\top : Faa$　　　　　(6)
(11) $\top : Faa$　(9)　×
　　×　　　　(7), (10)　(13) $\bot : \neg Faa$　(14) $\top : Faa$
(7), (11)　　　　　　　(15) $\top : Faa$　(13)　×
　　　　　　　　　　　　　×　　　　(12), (14)
　　　　　　　　　　　(12), (15)

② $\{(\forall x)[(Fx \wedge Gx) \to \neg Hx] \wedge (\forall x)(Hx \to Gx)\}$
　$\to \neg(\exists x)(Fx \wedge Hx)$

(1) $\bot : \{(\forall x)[(Fx \wedge Gx) \to \neg Hx] \wedge (\forall x)(Hx \to Gx)\}$
　　　　　　　　　　　　　$\to \neg(\exists x)(Fx \wedge Hx)$
(2) $\top : (\forall x)[(Fx \wedge Gx) \to \neg Hx] \wedge (\forall x)(Hx \to Gx)$　(1)
(3) $\bot : \neg(\exists x)(Fx \wedge Hx)$　(1)
(4) $\top : (\forall x)[(Fx \wedge Gx) \to \neg Hx]$　(2)
(5) $\top : (\forall x)(Hx \to Gx)$　(2)
(6) $\top : (\exists x)(Fx \wedge Hx)$　(3)
(7) $\top : Fa \wedge Ha$　(6)
(8) $\top : (Fa \wedge Ga) \to \neg Ha$　(4)
(9) $\top : Ha \to Ga$　(5)
(10) $\top : Fa$　(7)
(11) $\top : Ha$　(7)
　　　　　　　(8)
(12) $\bot : Fa \wedge Ga$　　　　(13) $\top : \neg Ha$
　　　　(12)　　　　　　　　　　(18) $\bot : Ha$　(13)
　　　　　　　　　　　　　　　　　　×
　　　　　　　　　　　　　　　　(11), (18)
(14) $\bot : Fa$　　(15) $\bot : Ga$
　×
(10), (14)
　　　　　　(9)
　　(16) $\bot : Ha$　(17) $\top : Ga$
　　　　×　　　　　　　×
　　(11), (16)　　　(15), (17)

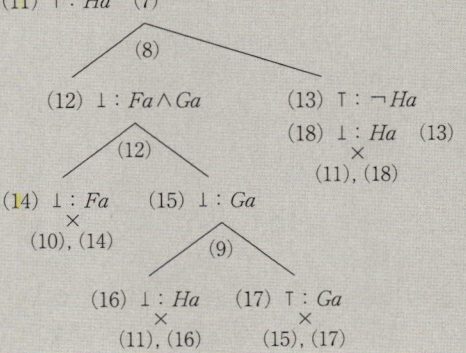

①は，第5章の例-③（108ページ）で取り上げた，「自分でヒゲを剃らないすべての人のヒゲを，そしてそういう人のヒゲだけを剃る人は，存在しない」という命題の形式を表わす論理式である．それが妥当であることをタブローによって証明する，ということは，**仮にそういう人がいたとしたら**（その仮定を，①のタブローの(1)ないし(2)が表現している），矛盾が生じる，ということを示すことになる．このタブローの(3)は，**そういう人を** 'a' **と呼ぶことにしよう**，という趣旨である．そして，その仮定からなぜ矛盾が生じるのかは，タブローのそれ以下の部分を見るとわかる．(3)は普遍タイプなので，(4)では同じパラメター 'a' を「ぶつけた」．皆がその条件を満たすならば，'a' と名づけられた人も，その条件を満たすだろう，というわけである．そこから '$Faa \to \neg Faa$' と '$\neg Faa \to Faa$' が両方とも真となり（(5)と(6)），矛盾が生じて，このタブローは閉じる．つまり，もしも a さんが自分で自分のヒゲを剃るのであれば（Faa），そもそも a さんとは「**自分でヒゲを剃らないすべての人のヒゲを，そしてそういう人のヒゲだけを剃る人**」なのだから，a さんは a さんの（つまり自分の）ヒゲを剃らないことになるが（$\neg Faa$），しかし，もし a さんが自分でヒゲを剃らないのであれば（$\neg Faa$），a さんは，「**自分でヒゲを剃らないすべての人のヒゲを剃る**」のだから，a さんは a さんの（つまり自分の）ヒゲを剃ることになる．いわゆる「パラドックス」が生じたのである．

　②は条件法で，後件ではある条件を満たすものの存在が否定されている．そこで②のタブローは，もしも（前件が真で

あるのに）その条件を満たすものが存在するとしたら，という仮定から，矛盾が出てくることを示すのであるが，そのタブローの(7)は，やはり，「その条件を満たすもの」を 'a' と呼ぶことにする，という趣旨である．そしてそれ以後では，a がその条件を満たし，さらに，前件で**すべてのものについて**成り立つと言われている他の条件をも満たすとすると，矛盾が出てくる，ということが示されるのである．

双条件法に対する操作

ところで，①のタブローで3回も枝分かれが生じたのは，タブローの定義の中に「双条件法」に対する「操作」が含まれていないからにすぎない．本書では，規則はできるだけ単純にする，という方針をとっているので，この程度はがまんしてもらってきたのだが，もし双条件法に対する「操作」を付け加えるならば，次の二つとなるであろう．それらの「操作」を使えば，①のタブローはずっと単純になる．

(e) ⊤：$A \leftrightarrow B$ を含む枝の先を枝分かれさせ，一方の枝には⊤：A と⊤：B を，他方の枝には⊥：A と⊥：B を付け加える．

(f) ⊥：$A \leftrightarrow B$ を含む枝の先を枝分かれさせ，一方の枝には⊤：A と⊥：B を，他方の枝には⊥：A と⊤：B を付け加える．
---

7 述語論理のタブロー

これらの操作が許される理由は，簡単に言ってしまえば，双条件法 $A \leftrightarrow B$ が真であるとは，A と B との真理値が一致するということであり，$A \leftrightarrow B$ が偽であるとは，A と B との真理値が一致しないということだ，という点にある（39ページ参照）．つまり，もし $A \leftrightarrow B$ が真であれば，A も B も真であるか，あるいは A も B も偽であり，もし $A \leftrightarrow B$ が偽であれば，A が真で B が偽であるか，あるいは A は偽で B は真である．

もっと厳密に，$A \leftrightarrow B$ の定義との関係で言えば，上の操作 (e) と (f) は，$A \leftrightarrow B$ の定義にしたがって書き直した論理式 $(A \to B) \land (B \to A)$ に対する操作を，多少省略しただけになっている．この点を確認しておこう．まず (e) について．

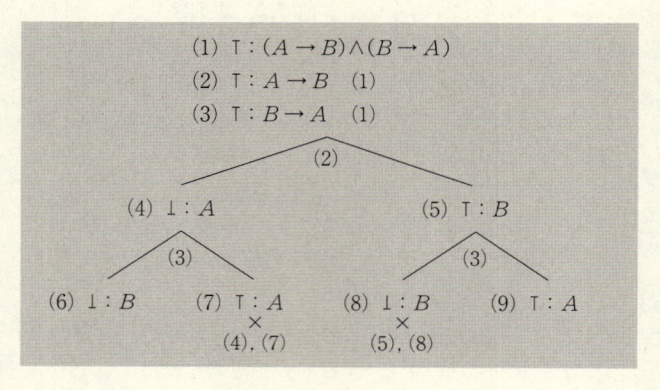

(1) ⊤ : $(A \to B) \land (B \to A)$
(2) ⊤ : $A \to B$ (1)
(3) ⊤ : $B \to A$ (1)
                    (2)
    (4) ⊥ : A (5) ⊤ : B
           (3)   (3)
(6) ⊥ : B (7) ⊤ : A (8) ⊥ : B (9) ⊤ : A
               ×   ×
           (4), (7)   (5), (8)

先の操作 (e) は，まずこのタブローの (2) と (3) を省略し，さらに，ここで閉じてしまった2本の枝を度外視して，(9) と

(5)とを一方の枝先とし，(4)と(6)とをもう一方の枝先としたわけである．

次に(f)について．

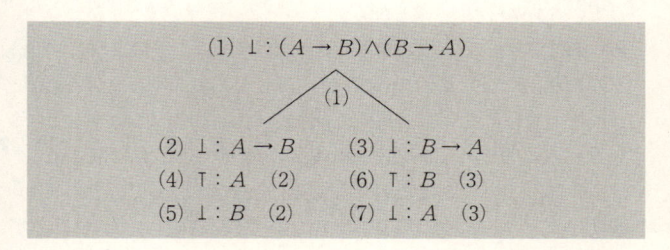

$$
\begin{array}{c}
(1) \perp : (A \to B) \wedge (B \to A) \\
(1) \\
\end{array}
$$

(2) $\perp : A \to B$ (3) $\perp : B \to A$
(4) $\top : A$ (2)   (6) $\top : B$ (3)
(5) $\perp : B$ (2)   (7) $\perp : A$ (3)

このタブローから(2)と(3)を省略すれば，(f)の操作となる．

(e)を使った①のタブローは，次のようになる（ここでは，(f)を使うチャンスはない）．

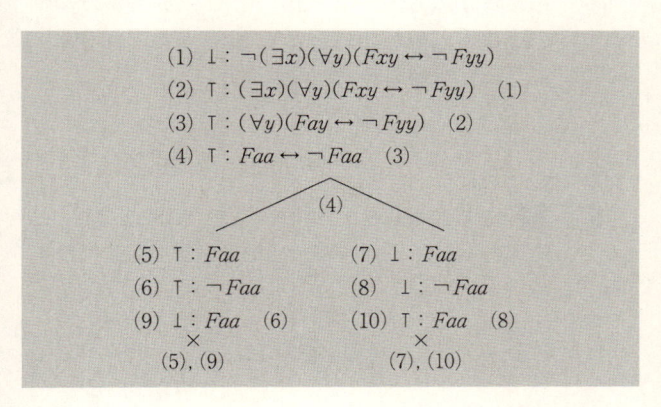

(1) $\perp : \neg (\exists x)(\forall y)(Fxy \leftrightarrow \neg Fyy)$
(2) $\top : (\exists x)(\forall y)(Fxy \leftrightarrow \neg Fyy)$ (1)
(3) $\top : (\forall y)(Fay \leftrightarrow \neg Fyy)$ (2)
(4) $\top : Faa \leftrightarrow \neg Faa$ (3)

(4)

(5) $\top : Faa$ (7) $\perp : Faa$
(6) $\top : \neg Faa$ (8) $\perp : \neg Faa$
(9) $\perp : Faa$ (6)   (10) $\top : Faa$ (8)
   ×   ×
(5), (9)   (7), (10)

7 述語論理のタブロー

ところで、(e)も(f)も、「正規の」タブローの操作から、いくつかの行を省略したものであった。すると、「その**省略によって**、閉じるべきタブローが閉じなくなることがありうるのではないか」という心配が出てくるかもしれない。なぜなら、タブローのある枝に⊤:A（または⊥:A）が含まれているのだが、たまたまその枝で、⊥:A（または⊤:A）が省略されてしまったために、閉じなくなってしまう、ということが考えられるからである。しかし、いまの(e)と(f)に関しては、そのようなことはない。なぜなら、例えば(e)で、上の省略前のタブローにおける(2)の⊤:$A \to B$を省略したために、タブローが閉じなくなるとすれば、それは、(2)を通る枝に⊥:$A \to B$が含まれている場合であろうが、その場合には、その枝に⊤:Aと⊥:Bとを付け加えることができ、そうすれば、(4)、(6)に至る枝も(5)、(9)に至る枝も、閉じるからである。(e)での(3)の省略についても、(f)での(2)と(3)の省略についても、同様に確かめることができる。それぞれの場合について、自分で確認していただきたい。

実際にやってみよう

練習3 次の論理式をタブローの方法で証明せよ。（たくさんやってみれば、タブローの方法は**必ずマスターできる**！）

① $[(\forall x)Fx \lor (\forall x)Gx] \to (\forall x)(Fx \lor Gx)$

② $(\forall x)[(Fx \lor Gx) \to Hx] \to (\forall x)(Fx \to Hx)$
③ $(\forall x)(Fx \land Gx) \to [(\forall x)Fx \land (\forall x)Gx]$
④ $(\forall x)Fx \leftrightarrow \neg(\exists x)\neg Fx$

（注意）'$\leftrightarrow$' が現われる論理式は，その定義にしたがって書き換えてもよいし，あるいは書き換えずに，上に述べた「双条件法に対する操作」を使ってもよい．

⑤ $(\exists x)Fx \leftrightarrow \neg(\forall x)\neg Fx$
⑥ $[(\forall x)Fx \to (\exists x)Gx] \to [(\forall x)\neg Gx \to (\exists x)\neg Fx]$
⑦ $\{(\forall x)[(Fx \land Gx) \to Hx] \land (\forall x)(\neg Fx \to Hx)\}$
　　$\to (\forall x)(Gx \to Hx)$
⑧ $[(\forall x)(\forall y)Fxy \land (\exists x)(\exists y)Gxy]$
　　$\to (\exists x)(\exists y)(Fxy \land Gxy)$
⑨ $(\forall x)\{[Fx \to (\exists y)Gxy] \land [\neg Fx \to (\exists y)Hxy]\}$
　　$\to (\forall x)(\exists y)(Gxy \lor Hxy)$
⑩ $[(\exists x)(\forall y)Fxy \land (\exists y)(\forall z)Gyz]$
　　$\to (\exists x)(\exists y)(\forall z)(Fxy \land Gyz)$

なお，④が妥当であることは，'$(\forall x)$' と '$\neg(\exists x)\neg$' とが同じ働きをしていることを示している．つまり，「すべてのものが F である」ということは，「F でないものは存在しない」ということと，同じことなのである．同様に，⑤が妥当であることは，'$(\exists x)$' と '$\neg(\forall x)\neg$' とが同じ働きをしていることを示している．つまり，「F であるものが存在する」と

いうことと,「すべてのものが F でない,というわけではない」ということは,同じことである.したがって(シェッファー・ストローク一本ですべての真理関数を表現できたのと同様),普遍量化子と存在量化子のうちのどちらか一方があれば,他方を表現することができる.また,'$(\forall x)\neg$' と '$\neg(\exists x)$' とが,そして '$(\exists x)\neg$' と '$\neg(\forall x)$' とが,同じ働きをしていることも確かめることができる.(本章冒頭の,「普遍タイプ」と「存在タイプ」についての注意を参照.)

パラメターの規則を無視したら?

　ここで,「タブローの定義」における操作(d)での,「s はその枝の中のいかなる論理式にも現われていない個体パラメターである」という規則を**無視**した場合,証明されるはずがない(妥当でない)論理式が「証明」されてしまう,という例を挙げておこう.一つの例は,例1-③の逆,'$(\forall x)(\exists y)Fxy \to (\exists y)(\forall x)Fxy$' である[3].この論理式は,おなじみの具体的解釈を与えれば,「もし誰もが誰かを愛しているならば,誰かを誰もが愛している」といったことを意味している.しかし,それが「論理的真理」でないことは,直観的にも明らかであろう.なぜなら,前にも触れたように(93ページ),前件の「誰もが誰かを愛している」というのは,それぞれの人にとって,それぞれに愛する人がいる,ということを言っているのに対して,後件の「誰かを誰もが愛している」というのは,皆に愛される「アイドル的」な人がいるという,もっと

強い命題だからである．個体領域と解釈という正式な形で言えば，第6章の例2（121〜123ページ）において，ある個体領域でのある同じ解釈のもとで，ここでの前件は真（①），後件は偽となる（②）ことを見た．つまり，その解釈において上の条件法の論理式は偽となる．偽となるような個体領域とそこでの解釈が存在するので，その論理式は妥当ではない．しかし，「規則違反」をすれば，その論理式は次のように「証明」されてしまう．

(1) $\bot : (\forall x)(\exists y)Fxy \to (\exists y)(\forall x)Fxy$
(2) $\top : (\forall x)(\exists y)Fxy$　(1)
(3) $\bot : (\exists y)(\forall x)Fxy$　(1)
(4) $\top : (\exists y)Fay$　(2)
(5) $\top : Fab$　(4)
(6) $\bot : (\forall x)Fxb$　(3)
(7) $\bot : Fab$　(6)　（これが規則違反）
　　×
　(5), (7)

ここでは，(2)と(3)が共に普遍タイプであったので，まずはどちらか一方に操作を加える他なく，(2)に操作を加えて(4)を書いた．しかし(4)は存在タイプなので，(3)の前に(4)に操作を加え，(5)を得た上で，(3)から(6)，(7)を引き出したわけである．けれども，(6)は存在タイプなので，それに対する操作(d)の際，(7)のように，既にその枝に現われている個体パラメター 'a' を使うことは，規則違反である．「操作」の

7 述語論理のタブロー　157

順序は，他にもありうるが，どの順序をとろうと，「規則違反」を犯さずにこの論理式のタブローを閉じさせることはできない（色々と試してみると，感触がわかると思う．厳密な話については，次章の「健全性」の証明を参照）．逆に言えば，**「規則違反」をすれば，妥当でない論理式を「証明」するタブローは容易に閉じるのであり，この規則を守ることがいかに重要であるかがわかるであろう．**

「反例」を考える

それでは，'$(\forall x)(\exists y)Fxy \to (\exists y)(\forall x)Fxy$' が果たして妥当であるのかどうかがまだわかっていないとき，それを調べるために，その論理式を証明するためのタブローを（「規則違反」をせずに）書いていったら，どうなるのであろうか？ まずは，先の「規則違反」のタブローの(7)を，規則に合うように（つまり，新しいパラメーターを使って）書き換えなければならない．すると，次のようなタブローができる．

(1) $\bot : (\forall x)(\exists y)Fxy \to (\exists y)(\forall x)Fxy$
(2) $\top : (\forall x)(\exists y)Fxy$　(1)
(3) $\bot : (\exists y)(\forall x)Fxy$　(1)
(4) $\top : (\exists y)Fay$　(2)
(5) $\top : Fab$　(4)
(6) $\bot : (\forall x)Fxb$　(3)
(7) $\bot : Fcb$　(6)　（「規則違反」を解消し，新しい
　　　　　　　　　　　パラメーター 'c' を使った．）

このタブローはまだ閉じていないが，前にも述べたように，述語論理のタブローでは，次々と異なるパラメーターを使って，(c)と(d)の操作をいくらでも繰り返すことができる．しかし，そのような操作を繰り返していっても，この先，閉じたタブローができそうもないことは，かなりはっきりしていると思う．なぜなら，このタブローを「閉じさせる」ためには，(5)と(7)の形の（符号付きの）論理式で，しかも 'F' の後のパラメーターの並びが同じもの（同じパラメーターを「ぶつけた」もの）が出てこなければならないであろうが，しかしどちらの論理式も操作(d)によって得られるために，新しいパラメーターを使わなければならず，同じパラメーターを「ぶつける」ことができないからである．

　この例の場合には，いくら続けても閉じないことは「かなりはっきりしている」と言ってよいであろう．しかし**述語論理においては，どこまで続けてもタブローが閉じないことを確認するための，一般的な手続きは存在しない**．この点が，命題論理と述語論理との，一つの重要な違いである．命題論理のタブローは，必ず有限の段階で「完成」し，完成したタブローが閉じているかいないかを見れば（あるいは，真理表を作ってみれば），ある論理式がトートロジーであるか**ないかがわかる**（命題論理の「決定可能性」）．しかし述語論理では，たしかに，いかなる妥当な論理式についても，それが**妥当であること**を証明する方法はあるのだが（その一つがタブローの方法），ある論理式が**妥当でないこと**を確認するための，有限で機械的な手続きはないのである（**述語論理の「決**

7　述語論理のタブロー　159

定不可能性」)[4].

　さてそうすると, 述語論理において, ある論理式が妥当でないことを確認するには, どうしたらよいであろうか. もしも**反例**が見つかれば, つまり, **その論理式が偽となるような, 個体領域とそこでの解釈**が見つかれば, その論理式が妥当でないことが確認されたことになる. 先ほど見たように, '$(\forall x)(\exists y)Fxy \to (\exists y)(\forall x)Fxy$' という論理式は, 第6章の例2の個体領域 U とそこでの解釈 I (すなわち, $U=\{$太郎, 花子, 次郎$\}$, $I(F)=\{\langle$太郎, 花子$\rangle, \langle$花子, 次郎$\rangle, \langle$次郎, 花子$\rangle\}$) において, 偽となる. このように, 首尾よく反例が見つかれば, その論理式が妥当でないことは確認できるのだが, しかし, 反例を見つけるための一般的な方法は, 存在しないのである.

　だが, あまり微妙でない場合には, 反例を見つけることはそれほど難しくはない. 上の '$(\forall x)(\exists y)Fxy \to (\exists y)(\forall x)Fxy$' の場合であれば, これは条件法なので, それが偽となるということは, 前件 '$(\forall x)(\exists y)Fxy$' が真, 後件 '$(\exists y)(\forall x)Fxy$' が偽ということである. そこで「反例」とは, 適当な個体領域 U において, $I(F)$ が次のような条件を満たすものであればよい. まず, 前件が真であるためには, $I(F)$ は, U のすべての要素 (個体) e について $\langle e, \cdots \rangle$ という順序対を含まなければならない. そして, 各々の e について, 一つずつそのような順序対を含めば十分である. 次に, 後件が偽であるためには, さらに $I(F)$ の要素を増やす必要はなく, ただ, $\langle e, \cdots \rangle$ の右側に入る個体が, すべての e に

ついて同じではない，というだけで十分である．以上の条件を満たす一例が，上に挙げたものである．

他のいくつかの例を考えてみよう．

例3 次の（妥当でない）論理式①〜③の反例を見つける．
① $(\forall x)(Fa \to Fx)$
② $(\forall x)[(\exists y)Gxy \to Fx] \lor (\forall x)(\exists y)(\neg Gxy \to Fx)$
③ $[(\forall x)(\exists y)Fxy \land (\forall z)(\exists y)Gzy]$
 $\to (\exists x)(\exists z)(\exists y)(Fxy \land Gzy)$

① $(\forall x)(Fa \to Fx)$

この普遍量化が偽となるためには，個体領域 U とそこでの解釈 I において，U に属するある一つの個体 e について，対象式 '$FI(a) \to Fe$' が偽となればよい．すなわち，'$FI(a)$' は真で，'Fe' は偽となればよい．そしてそのために，$I(a)$ は $I(F)$ に属し，e は $I(F)$ に属さない，ということになればよい．そのためには，U には二つの個体が属していて，そのうちの一方は $I(F)$ に属し，他方は $I(F)$ に属さないように $I(F)$ をとり，そして $I(a)$ は，$I(F)$ に属する方の個体とすればよい．

反例：個体領域 $U = \{太郎, 花子\}$
　　　解釈 $I : I(F) = \{太郎\}$
　　　　　　　$I(a) = 太郎$

② $(\forall x)[(\exists y)Gxy \to Fx] \lor (\forall x)(\exists y)(\neg Gxy \to Fx)$

　この論理式は選言なので，これが偽となるためには，両方の選言肢(どちらも普遍量化)が偽とならなければならない．そしてそのためには，個体領域 U に属するある一つの個体 e_1 について，対象式 '$(\exists y)Ge_1y \to Fe_1$' が偽で，別の個体 e_2 について，対象式 '$(\exists y)(\neg Ge_2y \to Fe_2)$' が偽であればよい[5]．すると，$e_1$ について成り立つべきことは，'$(\exists y)Ge_1y$' が真であり，つまり，'Ge_1e_3' が真となるような，U に属する一つの個体 e_3 が存在し，そして 'Fe_1' が偽であることである．また e_2 について成り立つべきことは，U に属するいかなる個体 e についても，'$\neg Ge_2e \to Fe_2$' が偽であること，すなわち，いかなる e についても '$\neg Ge_2e$' が真，つまり 'Ge_2e' が偽で，'Fe_2' も偽であることである．すると，e_1 を太郎，e_2 を花子とし，個体領域に次郎も入れるとすれば[6]，次のような反例が考えられる．

反例：個体領域 $U = \{太郎, 花子, 次郎\}$
　　　解釈 $I : I(F) = \{次郎\}$
　　　　　　　$I(G) = \{\langle 太郎, 次郎 \rangle, \langle 次郎, 花子 \rangle\}$

③ $[(\forall x)(\exists y)Fxy \land (\forall z)(\exists y)Gzy]$
　　$\to (\exists x)(\exists z)(\exists y)(Fxy \land Gzy)$

これは，一見したところかなり複雑だが，全体として一つの条件法である．そしてその前件は，連言となっている．そこで，この論理式が偽となるためには，前件を構成している二つの連言肢が共に真で，後件が偽であればよい．個体領域には何人かの人間だけが入ることにして，‘Fxy’ に「x は y を愛している」，‘Gxy’ に「x は y を憎んでいる」という具体的解釈を与えよう．すると前件は，「誰もが誰かを愛しており，そして誰もが誰かを憎んでいる」という命題となり，後件は，「誰かに愛されており，そして誰かに憎まれてもいる人がいる」という命題となる．（詳しい証明は与えないが，この後件のように，同じ種類の量化子が続いている場合，その順序は問題にならない．）では，前件が真で後件が偽ということは，ありうるだろうか？　後件が偽であるためには，誰かに愛されている人はすべて，誰にも憎まれていない，という条件が成り立てばよい．そのためには，「愛され組」と「憎まれ組」が重ならなければよい．すると，次のような反例が考えられる．

反例：個体領域 $U=\{$太郎, 花子, 次郎, 洋子$\}$
　　　解釈 I：$I(F)=\{\langle$太郎, 洋子$\rangle, \langle$花子, 次郎$\rangle, \langle$次郎, 洋子$\rangle, \langle$洋子, 次郎$\rangle\}$
　　　　　　　$I(G)=\{\langle$太郎, 花子$\rangle, \langle$花子, 太郎$\rangle, \langle$次郎, 花子$\rangle, \langle$洋子, 太郎$\rangle\}$
　　　（これは，太郎と花子が気の毒な事例である．）

7　述語論理のタブロー　163

練習4 いまの例3-①〜③のうちの①と②について,「反例」として提示した個体領域と解釈が,本当に「反例」であること,つまり,そのような個体領域と解釈において,それぞれの論理式が偽となることを,〈真理値の定義〉を使って確かめよ.(③はあまりに煩雑になるので,練習問題にはしない.)

練習5 次の論理式①〜⑤について,(イ)もしそれが妥当であるならば,タブローの方法による証明を与え,(ロ)もし妥当でないならば,一つの反例を示せ.(まずは直観的に考えて,妥当でありそうかなさそうかを判断する.わからない場合はタブローを書いてみて,怪しいようだったら「反例」捜しを始める.そろそろ,論理式の扱いについての「免許皆伝」が近づいている!)

① $(\forall x)(\exists y) Fxy \vee (\forall x) \neg (\exists y) Fxy$
② $(\forall x)[(\exists y) Fxy \vee \neg (\exists y) Fxy]$
③ $\{(\forall x)[(Fx \wedge Gx) \rightarrow Hx] \wedge (\forall x)(Hx \rightarrow Fx)\}$
    $\rightarrow (\forall x)(Hx \rightarrow Gx)$
④ $\{(\forall x)(\forall y)[(Fx \wedge Gxy) \rightarrow Hy] \wedge [(\exists x) Fx \wedge (\exists y)$
    $\neg Hy]\} \rightarrow (\exists x)(\exists y) \neg Gxy$
⑤ $(\forall x)\{[Fx \rightarrow (\forall y) Gxy] \wedge [Hx \rightarrow (\exists y) \neg Gxy]\}$
    $\rightarrow \neg (\exists x)(Fx \wedge Hx)$
    (前件の普遍量化の中の2番目の連言肢に操作を加えてゆくと,存在タイプが出てくることに注意.)

閉じた論理式に対する量化

ここでは，量化子の作用範囲の中に閉じた論理式が現われる場合について，どのようなことが成り立つのかを見ておくことにする．特に，下の例4-①で見るように，閉じた論理式をそのまま量化したものは，量化される前の論理式と等値である．他の例（および，後の練習6）は，量化子の作用範囲の中の閉じた論理式を，作用範囲の外に出すことができる，ということを示している[7]．ただし，例4-④と練習6-⑤で示されるように，作用範囲が条件法であって，しかも閉じた論理式が**後件**となっている場合には，量化子の種類が変わる，ということに注意してほしい．また（そのことと関連するのだが），練習6-⑥，⑦では，全体としての（証明すべき）論理式が，他の事例のように双条件法ではなく，**条件法**になっている．後で述べるように，それらの逆は，一般には妥当ではない．

例4 A を，個体パラメター 'a' を含まない**任意の閉じた論理式**として，次の論理式①〜④を証明する．（ただしここでは，先に導入した双条件法に対する操作(f)（151ページ）を使うことにする．）

① $(\forall x)A \leftrightarrow A$
② $(\forall x)(Fx \lor A) \leftrightarrow [(\forall x)Fx \lor A]$
③ $(\exists x)(Fx \land A) \leftrightarrow [(\exists x)Fx \land A]$
④ $(\exists x)(Fx \to A) \leftrightarrow [(\forall x)Fx \to A]$

① $(\forall x)A \leftrightarrow A$

$$
\begin{array}{c}
\text{(1)} \perp : (\forall x)A \leftrightarrow A \\
\diagup\diagdown \\
\text{\small (1)}
\end{array}
$$

(2) ⊤ : $(\forall x)A$	(4) ⊥ : $(\forall x)A$
(3) ⊥ : A	(5) ⊤ : A
(6) ⊤ : A　(2)	(7) ⊥ : A　(4)
×	×
(3), (6)	(5), (7)

(注意) A は閉じた論理式なので，$A[t, s]$ は A と同一である（133 ページ）．そのために，(c) や (d) の操作によって (2) から (6)，(4) から (7) を出すとき，A はそのまま残ってくるのである．以下でも，その事情は同様．

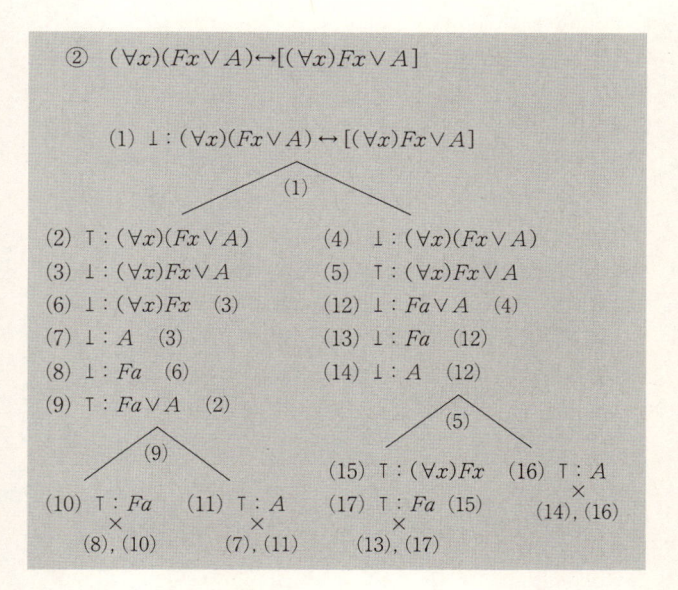

② $(\forall x)(Fx \vee A) \leftrightarrow [(\forall x)Fx \vee A]$

(1) $\bot : (\forall x)(Fx \vee A) \leftrightarrow [(\forall x)Fx \vee A]$

		(1)	
(2) $\top : (\forall x)(Fx \vee A)$		(4) $\bot : (\forall x)(Fx \vee A)$	
(3) $\bot : (\forall x)Fx \vee A$		(5) $\top : (\forall x)Fx \vee A$	
(6) $\bot : (\forall x)Fx$ (3)		(12) $\bot : Fa \vee A$ (4)	
(7) $\bot : A$ (3)		(13) $\bot : Fa$ (12)	
(8) $\bot : Fa$ (6)		(14) $\bot : A$ (12)	
(9) $\top : Fa \vee A$ (2)			

(9)

(10) $\top : Fa$ (11) $\top : A$ (15) $\top : (\forall x)Fx$ (16) $\top : A$
    ×   ×   (17) $\top : Fa$ (15)   ×
(8), (10)   (7), (11)   ×   (14), (16)
                                                  (13), (17)

(注意) 'a' は A に含まれないと仮定しているので，安心して 'a' を「新しいパラメター」として使ってよい．もちろん，'a' を含んだ閉じた論理式を扱う場合には，別のパラメターを使えばよい．

7 述語論理のタブロー   167

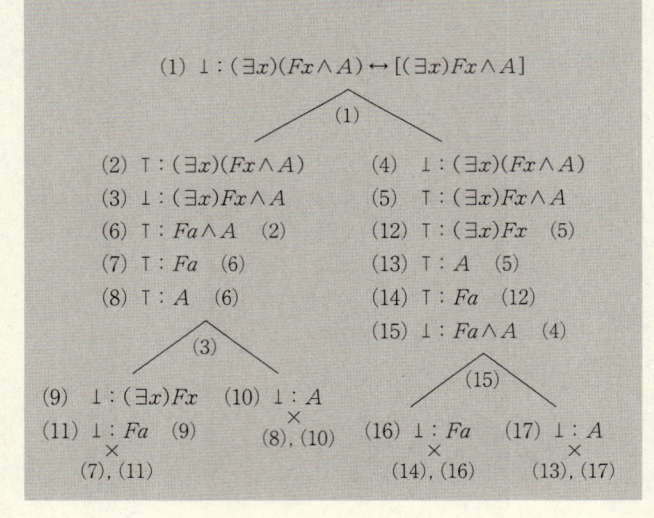

③ $(\exists x)(Fx \wedge A) \leftrightarrow [(\exists x)Fx \wedge A]$

(1) $\bot : (\exists x)(Fx \wedge A) \leftrightarrow [(\exists x)Fx \wedge A]$
　　　　　　　　　　(1)

(2) $\top : (\exists x)(Fx \wedge A)$　　　　(4) $\bot : (\exists x)(Fx \wedge A)$
(3) $\bot : (\exists x)Fx \wedge A$　　　　　(5) $\top : (\exists x)Fx \wedge A$
(6) $\top : Fa \wedge A$　(2)　　　　　(12) $\top : (\exists x)Fx$　(5)
(7) $\top : Fa$　(6)　　　　　　　(13) $\top : A$　(5)
(8) $\top : A$　(6)　　　　　　　(14) $\top : Fa$　(12)
　　　　　　　　　　　　　　　(15) $\bot : Fa \wedge A$　(4)
　　　　(3)　　　　　　　　　　　　(15)

(9) $\bot : (\exists x)Fx$　(10) $\bot : A$　　(16) $\bot : Fa$　(17) $\bot : A$
(11) $\bot : Fa$　(9)　　×　　　　×　　　　×
　×　　　　　(8),(10)　　(14),(16)　(13),(17)
(7),(11)

168　第2部

④ $(\exists x)(Fx \to A) \leftrightarrow [(\forall x)Fx \to A]$

(1) $\bot : (\exists x)(Fx \to A) \leftrightarrow [(\forall x)Fx \to A]$

(1)

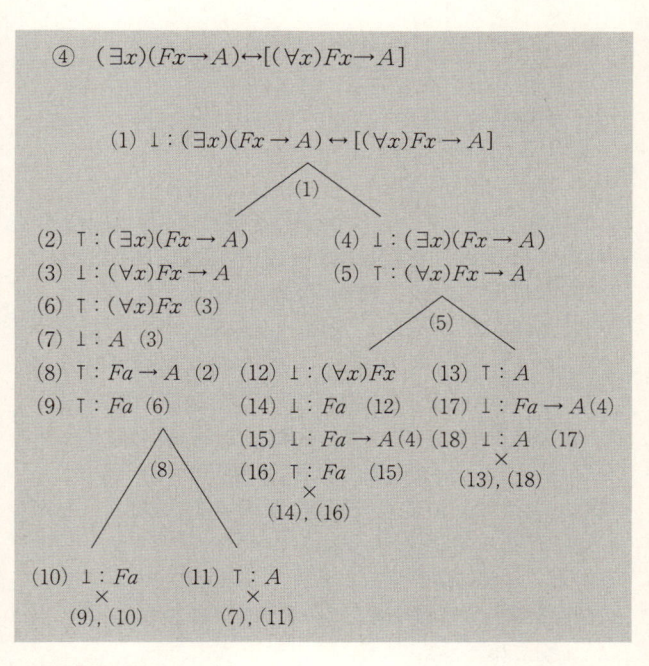

(2) $\top : (\exists x)(Fx \to A)$ (4) $\bot : (\exists x)(Fx \to A)$
(3) $\bot : (\forall x)Fx \to A$ (5) $\top : (\forall x)Fx \to A$
(6) $\top : (\forall x)Fx$ (3)
(7) $\bot : A$ (3)
(8) $\top : Fa \to A$ (2)   (12) $\bot : (\forall x)Fx$ (13) $\top : A$
(9) $\top : Fa$ (6)   (14) $\bot : Fa$ (12)   (17) $\bot : Fa \to A$ (4)
                                   (15) $\bot : Fa \to A$ (4)   (18) $\bot : A$ (17)
(8)   (16) $\top : Fa$ (15)   ×
                                    ×   (13), (18)
                                    (14), (16)

(10) $\bot : Fa$ (11) $\top : A$
  ×   ×
(9), (10)   (7), (11)

練習6 A を，パラメター 'a' を含まない任意の閉じた論理式として，次の論理式を証明せよ．（双条件法に対する操作(e), (f)を使ってよい．）

① $(\forall x)(Fx \land A) \leftrightarrow [(\forall x)Fx \land A]$
② $(\exists x)(Fx \lor A) \leftrightarrow [(\exists x)Fx \lor A]$
③ $(\forall x)(A \to Fx) \leftrightarrow [A \to (\forall x)Fx]$

④ $(\exists x)(A \to Fx) \leftrightarrow [A \to (\exists x)Fx]$
⑤ $(\forall x)(Fx \to A) \leftrightarrow [(\exists x)Fx \to A]$
⑥ $(\forall x)(Fx \leftrightarrow A) \to [(\forall x)Fx \leftrightarrow A]$
⑦ $[(\exists x)Fx \leftrightarrow A] \to (\exists x)(Fx \leftrightarrow A)$

前に述べたように,⑥と⑦の逆(つまり,'$[(\forall x)Fx \leftrightarrow A] \to (\forall x)(Fx \leftrightarrow A)$' と '$(\exists x)(Fx \leftrightarrow A) \to [(\exists x)Fx \leftrightarrow A]$')は,一般には妥当ではない.前者の反例としては,A を偽とし,'F' については,'$(\forall x)Fx$' を偽,'$(\exists x)Fx$' を真とする(つまり,F であるものも F でないものもある)ような解釈を考えればよい.すると,前件は真であるが,後件は偽(なぜなら,**F であるもの** e について,対象式 '$Fe \leftrightarrow A$' は偽だから)となる.(なお,いまの条件を満たす解釈が可能であるためには,例えば,A が妥当な論理式であったり,A が '$(\exists x)Fx$' と等値であったりしてはいけない(なぜか?).それゆえ,「**一般には妥当ではない**」と述べたのである.)いまの条件を満たす解釈はまた,後者の反例にもなる.その点は,自分で確認してみよう.

論理的に正しい推論

第3章と同様に,論理式の集合 S のタブローを定義し,それを使って,いくつかの前提から結論への推論が論理的に正しいことを示すことができる.

> (符号付きの) **論理式の集合 S のタブロー**
> S のすべての要素を縦に並べた上で,先の操作(a),
> (b), (c), (d) (および, (e), (f)) を任意の回数適用した枝
> 分かれ図.

練習7 第3章 (74 ページ) のように '⊢' という記号を使うことにして,次の①, ②それぞれの場合について,$A, B \vdash C$ を,タブローの方法で証明せよ.(②が証明できれば,タブローの方法を**完全にマスターした**と考えてよい!)

① $A : (\forall x)(\forall y)(Fxy \to \neg Gxy)$
  $B : (\forall x)[Hx \to (\exists y)Gxy]$
  $C : (\forall x)(\forall y)Fxy \to \neg(\exists x)Hx$

② $A : (\forall x)[Fx \to (Gx \lor Hx)] \to (\exists x)(Gx \land \neg Hx)$
  $B : (\forall x)(Gx \to Hx) \lor (\forall x)(Hx \to Gx)$
  $C : (\exists x)(Hx \land \neg Gx) \to (\exists x)[(Fx \land \neg Gx) \land \neg Hx]$

(②のヒント: A に操作をしたときと C に操作をしたときの両方で (A では両方の枝で),存在タイプの論理式が出てくるので,二つの異なるパラメーターを使うことになる.普遍タイプの論理式に操作をするとき,どこでどちらのパラメーターを使うのかを,考える必要がある.)

8 述語論理における健全性と完全性

§1 述語論理におけるタブローの方法の健全性

述語論理におけるタブローの方法の健全性とは,

(1) 述語論理におけるタブローの方法によって証明される論理式はすべて,妥当な論理式である

ということである.そして,論理式 A の証明とは,$\bot : A$ の閉じたタブローのことであった.そこで,

(2) もし $\bot : A$ のタブローが閉じたならば,A は妥当である

ということが証明されたならば,そこから(1)が帰結することになる.さらに,$\bot : A$ とは $\neg A$ の言い換えであり,そして,A が妥当であるのは $\neg A$ が充足不可能なとき,そしてそのときに限る,ということを想い起こすならば,

(3) もし(符号付きの)論理式 X のタブローが閉じたならば,X は充足不可能である

ということが示されれば，(2)が証明され，したがって(1)すなわち「述語論理におけるタブローの方法の健全性」が証明されたことになる．さらにまた，(3)を証明するには，

> (4) もし X が充足可能であれば，X のタブローには**少なくとも一本の充足可能な枝がある**

ということを証明すればよい．なぜなら，閉じた枝は明らかに充足不可能であり，したがって，もし X のタブローが閉じたならば，そのタブローには充足可能な枝が一本もないので，もし(4)が成り立つならば，その「対偶」により，もし X のタブローが閉じたならば X は充足**不可能**である，と言えるからである．そこで，この(4)を証明することにしよう．

〈定理1〉
　もし X が充足可能であれば，X のタブローには少なくとも一本の充足可能な枝がある．

〈証明〉　この定理は，「充足可能性」に関して前章に述べた四つの事柄〈1〉～〈4〉(134～135ページ) から，数学的帰納法によって導くことができる．その数学的帰納法は，タブローを構成するための操作(a)～(d)の回数に関するものである．(双条件法に対する操作(e)，(f)については，後の注1)を参照．)

出発点 X だけからなる枝 (操作の回数は0) は，もちろん，もし X が充足可能であるならば，充足可能である．(なぜな

ら，その「枝」を構成するのは，X だけだからである．）したがって，操作の回数が 0 のときには，この定理は成り立つ．

次に，任意の n について，「n 回の操作によってできるタブローについては〈定理 1〉が成り立つ」という仮定（**帰納法の仮定**）のもとで，$n+1$ 回の操作によってできるタブローについても，それが成り立つことを証明する．

いま，充足可能な（符号付きの）論理式 X の，n 回の操作によってできるタブロー T があるとする．帰納法の仮定により，このタブローの少なくとも一本の枝（その枝を θ と呼ぶことにする）は充足可能である．T に対してもう一回操作を加えるわけだが，その $n+1$ 回目の操作を行なった枝が，充足可能な枝 θ とは別の枝である場合には，操作後のタブローにも充足可能な枝 θ がそのまま含まれているので，この定理は明らかに成り立つ．そこで，**充足可能な枝 θ に対して $n+1$ 回目の操作を行なった場合**，それによってできる新しい枝（のうちの少なくとも一本）が充足可能であることを示せばよい．$n+1$ 回目の操作が (a)〜(d) のどれであるかによって，場合を分けて考える．$n+1$ 回目の操作を行なう前の，その枝 θ に属するすべての論理式からなる集合を S とする．（仮定により，S は充足可能である．）

(1) $n+1$ 回目の操作が (a) の場合：　前章の〈1〉(134 ページ) により，$S \cup \{\alpha_1, \alpha_2\}$ は充足可能である．したがって $S \cup \{\alpha_1\}$ も $S \cup \{\alpha_2\}$ も充足可能である．（なぜなら，$S \cup \{\alpha_1, \alpha_2\}$ のすべての要素を真とする個体領域・解釈において，

$S\cup\{\alpha_1\}$ のすべての要素も，$S\cup\{\alpha_2\}$ のすべての要素も，真となるからである．）それゆえ，$n+1$ 回目に関しても定理は成り立つ．

(2) $n+1$ 回目の操作が(b)の場合： 前章の〈2〉により，$S\cup\{\beta_1\}$ と $S\cup\{\beta_2\}$ のうちの少なくとも一方は充足可能である．したがって，θ に β_1 を付け加えた枝と，θ に β_2 を付け加えた枝のうちの，少なくとも一方は充足可能である．それゆえ，$n+1$ 回目に関しても定理は成り立つ．

(3) $n+1$ 回目の操作が(c)の場合： 前章の〈3〉により，$S\cup\{\gamma(s)\}$ は充足可能である．それゆえ，$n+1$ 回目に関しても定理は成り立つ．

(4) $n+1$ 回目の操作が(d)の場合： 前章の〈4〉により，$S\cup\{\delta(s)\}$ は充足可能である．それゆえ，$n+1$ 回目に関しても定理は成り立つ．

こうして，帰納法の仮定のもとで，$n+1$ 回目の操作がどれであっても，それによってできるタブローについて〈定理1〉が成り立つことが示された．したがって，X が充足可能であるときには，X のタブローの少なくとも一本の枝が充足可能であることが，示されたことになる．Q. E. D.[1]

先に述べたように，〈定理1〉が証明されれば，そこから次

の定理が直ちに帰結する.

> **〈定理 2〉**
> もし（符号付きの）論理式 X のタブローが閉じたならば, X は充足不可能である.

そしてそこから, 述語論理におけるタブローの方法の健全性が帰結する.

> **〈定理 3〉（述語論理におけるタブローの方法の健全性）**
> 述語論理におけるタブローの方法によって証明される論理式は, すべて妥当な論理式である.

さて,「健全性」が成り立つならば, ある論理式 A が妥当でない, ということがわかった場合には, A は決して証明できない, と言うことができる. そしてもし, A の「反例」が見つかったならば, A は妥当でないと言える. そしてその場合, A は証明できない, と言えるのである.

例えば, 第 7 章（160〜161 ページ）で取り上げた '$(\forall x)(\exists y)Fxy \rightarrow (\exists y)(\forall x)Fxy$' という論理式を考えてみよう. そこで見たように, この論理式には「反例」が存在する. したがって, '$(\forall x)(\exists y)Fxy \rightarrow (\exists y)(\forall x)Fxy$' は妥当ではない. そこで,「述語論理におけるタブローの方法の健全性」が証明された以上, その論理式はタブローの方法では証明できない, と（自信をもって）言うことができる.

§2 述語論理におけるタブローの方法の完全性

ヒンティカ集合とヒンティカの定理

次に考えるべき問題は,〈定理3〉の逆,すなわち「妥当な論理式はすべて,タブローの方法によって証明できる」(完全性)ということが言えるかどうかである.完全性が言えるためには,命題論理に関する第4章の〈定理4〉(84ページ)に対応するような定理が,述語論理でも成り立つことを示せばよいであろう.ところで,第4章の〈定理4〉には「完成したタブロー」という概念が出てくる.しかし先に述べたように(142ページ),命題論理のタブローは必ず有限の段階の後に「完成する」のだが,述語論理では必ずしもそうは言えない.したがって述語論理では,「完成したタブロー」(あるいはむしろ,そのもととなる「完成した枝」)の定義が,少々難しくなる.

この問題に対処するために,まず「ヒンティカ集合」と呼ばれる(符号付きの)論理式の集合を定義する.これは,第4章の〈定理4の証明〉における三つの条件(i)〜(iii)(85ページ.これらの条件は,命題論理における**閉じていない完成した枝**の,最も重要な性質を表現している.これらの条件を満たす枝に属する論理式の集合は,命題論理における「ヒンティカ集合」と呼ばれることがある)に対応する条件を満たすような,述語論理の(符号付きの)論理式の集合である.(ただしここでは,'↔' が現われる論理式は,すべてその定義

にしたがって書き換えられているものとする．双条件法やそれに対する操作(e), (f)については，後（194ページ）でもう一度立ち帰る．）

> **ヒンティカ集合の定義**
> **ヒンティカ集合**とは，次の五つの条件を満たすような，（符号付きの）論理式の集合 S である．ただし，'α', 'β', ……は，これまでと同様に使う．
>
> (i)　　いかなる**原子式** A についても，$\top:A$ と $\bot:A$ との両方が S に属することはない．
> (ii)　　もし S に α が属するならば，S には α_1 と α_2 が属する．
> (iii)　　もし S に β が属するならば，S には β_1 と β_2 のうちの少なくとも一方が属する．
> (iv)　　もし S に γ が属するならば，S には，**すべての個体パラメター** s について，$\gamma(s)$ が属する．
> (v)　　もし S に δ が属するならば，S には，**少なくとも一つの個体パラメター** s について，$\delta(s)$ が属する．

　もし，ヒンティカ集合 S に普遍タイプの論理式（γ）が属するならば，上の(iv)により，S は（可算）無限集合である[2]．
　さて，このように定義したヒンティカ集合について，次の「ヒンティカの定理」を証明することができる．

> 〈定理 4〉 （ヒンティカの定理）
> ヒンティカ集合は充足可能であり，そしてさらに，可算無限の個体領域において充足可能である．

（ある個体領域における充足可能性については，130 ページ参照．この定理の前半部は，「完全性定理」の証明に利用し，また後半部は，「レーヴェンハイムの定理」の証明に利用する．）

〈証明〉 これを証明するには，ヒンティカ集合 S に属するすべての論理式を真とするような（可算無限の個体領域における）解釈が存在することを示せばよい．そこで，次の二つの条件を満たす個体領域 U，および U における解釈 I を考える．

(a) U のいかなる要素 e に対しても，$I(s)=e$ となる少なくとも一つの個体パラメーター s が存在する（したがって U は，たかだかパラメーター全体の集合と同じ濃度であり，したがって，たかだか可算無限の個体領域である——注 2) 参照）．

(b) もし符号付きの**原子式** T：$\Phi s_1 s_2 \cdots\cdots s_n$ が S に属するならば，そしてその場合にのみ，順序 n 組 $\langle I(s_1), I(s_2), \cdots\cdots, I(s_n)\rangle$ は $I(\Phi)$ に属する．

さて，このような個体領域 U での解釈 I において，**S に属**

するすべての論理式が真となることを示すことができる．ここでも，S に属する個々の論理式に含まれる論理記号の数に関する数学的帰納法を使う．

まず，S に属するすべての（符号付きの）**原子式** T：A が I において真となることは，条件(b)および第6章の〈真理値の定義〉の(v)と(i)から明らかである．そして，ヒンティカ集合の条件(i)と今の条件(b)（および〈真理値の定義〉(v)，(i)）から，S に属する（符号付きの）原子式 ⊥：A についても，そのすべてが I において真となることは明らかであろう．なぜなら，（符号付きの）原子式 ⊥：$\Phi s_1 s_2 \cdots s_n$ が S に属する場合，ヒンティカ集合の条件(i)により，T：$\Phi s_1 s_2 \cdots s_n$ は S に属さず，したがって上の条件(b)により，順序 n 組 $\langle I(s_1), I(s_2), \cdots, I(s_n) \rangle$ は，$I(\Phi)$ に属さない（それゆえ，$\Phi s_1 s_2 \cdots s_n$ は I において偽，つまり ⊥：$\Phi s_1 s_2 \cdots s_n$ は I において真である）からである．こうして，S に属するすべての（符号付きの）**原子式**（すなわち，論理記号の数が0の論理式）が，I において真となることがわかった．

次に，S に属する論理式で，それに含まれる論理記号の数が **n 以下**であるものはすべて，解釈 I において真であると仮定し（帰納法の仮定），その仮定のもとで，$n+1$ 個の論理記号を含む（S に属する）任意の論理式 X が，I において真となることを証明する．（次の(1)と(2)は，第4章の〈定理4の証明〉の一部（87〜88ページ）の繰り返しである．）

(1) **X が α である場合**：　ヒンティカ集合の条件(ii)に

より，S には α_1 と α_2 が属し，それらに含まれる論理記号の数は n 以下なので，帰納法の仮定により，それらは I において真である．したがって真理表により，X すなわち α も I において真である．

(2) **X が β である場合**： ヒンティカ集合の条件(iii)により，S には β_1 と β_2 のうちの少なくとも一方が属し，それらに含まれる論理記号の数は n 以下なので，帰納法の仮定により，β_1 と β_2 のうちの **S に属する方**は I において真である．したがって真理表により，X すなわち β も I において真である．

(3) **X が γ である場合**： ヒンティカ集合の条件(iv)により，S には，すべての個体パラメーター s について，$\gamma(s)$ が属する．そして，$\gamma(s)$ に含まれる論理記号の数は n である（なぜなら，γ には $n+1$ 個の論理記号が含まれ，$\gamma(s)$ に含まれる論理記号の数は，γ より量化子1個分少ないからである）．それゆえ帰納法の仮定により，それらはすべて，I において真である．ここで，γ が T：$(\forall t)A$ の場合と，γ が ⊥：$(\exists t)A$ の場合とに分けて考える．

（イ）γ が T：$(\forall t)A$ の場合： $\gamma(s)$ は T：$A[t, s]$ であり，これがすべての s について，I において真なので，もちろんすべての s について，$A[t, s]$ が I において真である．したがって〈真理値の定義〉(v)により，$A[t, s]$ に含まれるすべての個体パラメーター u（s も含めて）を個体 $I(u)$ に置き換

えてできる対象式 $A[t, s]'$ も，I において真である．しかるに対象式 $A[t, s]'$ は，まず A のすべてのパラメター u を個体 $I(u)$ に置き換え，その後でさらに，t を $I(s)$ に置き換えてできる対象式に一致する[3]．そして，これがすべての s について I において真であるということは，U と I に関する上の条件(a)を考慮するならば，A のすべてのパラメター u を個体 $I(u)$ に置き換えてできる対象式を A' とすれば，**U に属するすべての個体 e について**，対象式 $A'[t, e]$ が I において真だ，ということである．（なぜなら，U に属するすべての個体 e について，$e = I(s)$ となるようなパラメター s があり，その s について，先の対象式 $A[t, s]'$ が真となるからである．つまり，どの e についての $A'[t, e]$ も，少なくとも一つの s についての $A[t, s]'$ に一致し，それがすべて真だからである．）したがって，〈真理値の定義〉(iii)により，**対象式 $(\forall t)A'$ が I において真であり**，同じく(v)によって，**論理式 $(\forall t)A$ が**（それゆえ γ が）I において真である．

（ロ） γ が $\bot : (\exists t)A$ の場合： $\gamma(s)$ は $\bot : A[t, s]$ であり，これがすべての s について，I において真なので，$A[t, s]$ はすべての s について，I において偽である．あとは(イ)と同様にして（ただし〈真理値の定義〉(iii)の代わりに(iv)を使う），論理式 $(\exists t)A$ が I において偽となり，したがって γ が I において真となる[4]．

(4) **X が δ である場合**： ヒンティカ集合の条件(v)により，S には，少なくとも一つの個体パラメター s について，

$\delta(s)$ が属する.そして,それに含まれる論理記号の数は n である.それゆえ帰納法の仮定により,それは I において真である.ここでもやはり,δ が⊤:$(\exists t)A$ の場合と,δ が⊥:$(\forall t)A$ の場合とに分けて考える.

(イ) δ が⊤:$(\exists t)A$ の場合: $\delta(s)$ は⊤:$A[t, s]$ であり,少なくとも一つの s について,これが I において真なので,少なくとも一つの s について,$A[t, s]$ が I において真である.(3)の場合と同様に対象式 $A[t, s]'$ と A' を定義し,また,$A[t, s]$ が I において真となるような一つのパラメター s に対する I による解釈 $I(s)$ を,個体 e とすると,対象式 $A'[t, e]$ は $A[t, s]'$ に一致し,それは I において真となる(〈真理値の定義〉(v)).それゆえ,対象式 $(\exists t)A'$ および論理式 $(\exists t)A$ は,I において真である(〈真理値の定義〉(iv),(v)).したがって,δ すなわち⊤:$(\exists t)A$ は,I において真である.

(ロ) δ が⊥:$(\forall t)A$ の場合: $\delta(s)$ は⊥:$A[t, s]$ であり,少なくとも一つの s について,これが I において真なので,少なくとも一つの s について,$A[t, s]$ が I において偽である.その s について $I(s)=e$ とし,(イ)と同様に A' を定義すれば,$A'[t, e]$ が I において偽となり,したがって $(\forall t)A'$ および $(\forall t)A$ が I において偽となる.それゆえ δ すなわち⊥:$(\forall t)A$ は,I において真である.

こうして,S に属する,論理記号の数が n 以下の論理式はすべて,解釈 I において真である,という「帰納法の仮定」の

もとで，$n+1$ 個の論理記号を含む（S に属する）任意の論理式が，やはり I において真であることが証明された．そして，論理記号の数が 0 である（S に属する）論理式（原子式）については，そのすべてが I において真であることを前に確かめてあるので，数学的帰納法により，S に属するすべての論理式が，I において真であることがわかった．そのような解釈が存在するので，ヒンティカ集合 S は充足可能である．そして I は，初めに指定した（可算無限の）個体領域 U での解釈なので，ヒンティカ集合は可算無限の個体領域において充足可能である．Q. E. D.

「完全性」に向けて

さてここで，述語論理のタブローについての「完成した枝」および「完成したタブロー」を，次のように定義する．（「閉じた枝」，「閉じたタブロー」の定義は，命題論理の場合（62〜63 ページ）と同じである．「完成したタブロー」の定義も同じであるが，重要なのでもう一度書いておく．）

完成した枝： その枝のすべての要素からなる集合が，**ヒンティカ集合**となるような枝．
完成したタブロー：すべての枝が，閉じた枝か完成した枝であるようなタブロー．

「完成した枝」は，有限の長さをもつ場合と，無限の列とな

る場合とがある．もしその枝に，「普遍タイプ」の論理式 γ が含まれている場合には，ヒンティカ集合の条件(iv)により，その枝にはすべての個体パラメター s について，$\gamma(s)$ が含まれていなければならず，そして個体パラメターは無限にあるので，その枝の長さは無限となる．しかし，普遍タイプの論理式が含まれていなければ，有限の長さの「完成した枝」も可能である[5]．

> （注意）これ以後，このように「無限に長い枝」をもつ（あるいはまた，無限に多くの枝をもつ）タブローをも考えることになる．しかしもちろん，タブローを作る操作(a)～(d)をどれだけ「繰り返して」いっても，実際にできるのは常に有限の枝，有限のタブローでしかない．ここで「無限に長い枝」とか「無限に大きいタブロー」について語っていることは，次のように理解しなければならない．ちょうど，自然数全体の「無限系列」が与えられたものとして，**任意の自然数**についての話をするように，まず，ある（符号付きの）論理式の「無限系列」や「無限の枝分かれ図」が与えられたものとして，しかもその系列や枝分かれ図は，**それに属するどの要素も**，タブローを作るための規則に合致しているものだ，とするのである．（自然数全体の無限系列が与えられたものと考えれば，そ**のどの要素も**，それよりも大きな数がその系列に属する，という条件を満たしている．）例えば，ある無限に長い枝が「完成した枝」であるとは，**それに属するどの要素も**，ヒンティカ集合の条件を満たしている，ということである．

われわれが求めているのは，先に述べたように，第4章の

〈定理4〉に対応するような，述語論理における定理であるが，それを，ここで定義した「完成したタブロー」の概念を使って定式化すれば，次のようになる．

〈定理5〉
　⊥：A の完成したタブローであって，しかも閉じていないものがあるならば，⊥：A は充足可能である．

既に「ヒンティカの定理」が証明されているので，この定理は容易に証明できる．

練習　ヒンティカの定理を使って〈定理5〉を証明せよ．（ヒント：第4章の〈定理4の証明〉を参考にしよう．そこでと同様，完成しているが閉じていない枝 θ に属する**すべての**論理式（⊥：A を含む）を真とする解釈が存在すればよい．）

この〈定理5〉から，その対偶を考えれば，次の定理が直ちに帰結する．

〈定理6〉
　もし A が妥当であるならば，⊥：A のいかなる完成したタブローも，閉じたタブローである．

なぜなら，もし A が妥当であるならば，⊥：A は充足不可能であり，すると〈定理5〉の対偶により，「⊥：A の完成した

タブローであって，しかも閉じていないもの」は存在せず，したがって，⊥：A のいかなる完成したタブローも，閉じたタブローであることになるからである．

さて，この〈定理6〉から直ちに「述語論理の完全性」が帰結するであろうか？　たしかにわれわれは，「完全性」に非常に近いところまで来ているが，残念ながらまだ，完全性は**直ちには帰結しない**．それは，A が**妥当な論理式**である場合でも，⊥：A のタブローを**どこまで書き続けていっても閉じない**し「完成」もしない，ということがありうるからである．

例えば，普遍タイプの論理式 γ を含むある枝に，個体パラメター 'a', 'a_1', 'a_2', …… を使って操作(c)を次々と適用し，$\gamma(a)$, $\gamma(a_1)$, $\gamma(a_2)$, …… を付け加えていったとしよう．しかしその枝には，他の個体パラメターに関する $\gamma(s)$，つまり，$\gamma(b)$, $\gamma(b_1)$, $\gamma(b_2)$, ……，$\gamma(c)$, $\gamma(c_1)$, $\gamma(c_2)$, …… は含まれていないかもしれない．そして，**まさにそれらを含んでいないために**，上の作業が無限に続いてゆくだけで，いつまでたってもそのタブローは閉じないかもしれない．それゆえ〈定理6〉だけでは，「妥当な論理式はすべて証明できる」とは，まだ言えないのである．

タブローを完成させる手続き

では，次のような条件を満たす手続きは，存在しないのであろうか？　その条件とは，

> 可能な限りその手続きを繰り返してゆけば（無限の場合には，どの要素もその手続きに合致しているならば），タブローは**必ず完成する**

という条件である．そのような手続きは存在する．その一つは，次の〈手続き P〉である．

〈手続き P〉

まず，出発点となる（符号付きの）論理式を置き，その後は次の手続きを**順番に繰り返してゆく**．

◎ もしタブローが既に閉じているならば，終わりとする．

◎ もし，すべての開いた（閉じていない）枝において，（符号付きの）原子式でないすべての論理式が既に「利用」されたならば，やはり終わりとする．（「利用」については，後で規定される．）

◎ それ以外の場合には，開いた枝における，まだ利用されていない（そして原子式でない）論理式のうち，最も高い位置にある論理式（複数ある場合は，そのうちで最も左にあるもの）X について，X を通るすべての開いた枝 θ を，次のように延長する．

（P1）もし X が，直接帰結タイプの論理式 α であ

ば, θ に α_1 と α_2 を付け加える.（ただし, α_1 と α_2 が同じ場合は, 一つだけ付け加えればよい.）

(P2) もし X が, 枝分かれタイプの論理式 β であれば, θ の先を β_1 と β_2 に枝分かれさせる.

(P3) もし X が, 普遍タイプの論理式 γ であれば, $\gamma(s)$ が θ に含まれていないような個体パラメター s のうち,（$a, b, c, a_1, b_1, c_1, a_2, b_2, c_2, a_3, b_3, c_3,$ …… という順序で見て）最初のものについて, θ に $\gamma(s)$ を付け加え, **さらに γ（すなわち X）を付け加える**.

(P4) もし X が, 存在タイプの論理式 δ であれば, **θ に現われていない任意の個体パラメター s** について, $\delta(s)$ を θ に付け加える.

以上の (P1)〜(P4) のうちのいずれかを（X の種類に応じて）行なったならば, その X は「利用」されたものとする. そして, 最初に戻る.

〈手続き P〉の一例として, '$(\forall x)(\exists y)Fxy \lor (\forall y)(\exists x)\neg Fxy$'（第 7 章の例 1 - ④, 143 ページ）を証明するために, '⊥ : $(\forall x)(\exists y)Fxy \lor (\forall y)(\exists x)\neg Fxy$' に, この手続きを適用してみよう.

8 述語論理における健全性と完全性　189

> (1) $\perp : (\forall x)(\exists y)Fxy \lor (\forall y)(\exists x)\neg Fxy$
> (2) $\perp : (\forall x)(\exists y)Fxy$ ⎫
> (3) $\perp : (\forall y)(\exists x)\neg Fxy$ ⎭ (1)に$(P1)$を適用
> (4) $\perp : (\exists y)Fay$ (2)に$(P4)$を適用
> (5) $\perp : (\exists x)\neg Fxb$ (3)に$(P4)$を適用
> (6) $\perp : Faa$ ⎫
> (7) $\perp : (\exists y)Fay$ ⎭ (4)に$(P3)$を適用
> (8) $\perp : \neg Fab$ ⎫
> (9) $\perp : (\exists x)\neg Fxb$ ⎭ (5)に$(P3)$を適用
> (10) $\perp : Fab$ ⎫
> (11) $\perp : (\exists y)Fay$ ⎭ (7)に$(P3)$を適用
> (12) $\top : Fab$ (8)に$(P1)$を適用
> ×
> (10), (12)

　この例は，有限の段階で閉じる例である．(〈手続きP〉では，$(P3)$を適用する際，(7)，(9)，(11)をつけなければならない．) そしてこの例では，(2)と(3)に$(P4)$を適用する際，「任意の個体パラメーター」として 'a' と 'b' を使ったために，比較的早く閉じたのだが，その代わりに例えば 'c_{538}' といったパラメーターを使ってもよい．ただその場合，$(P3)$を1,500回以上適用しなければならないであろう．しかし，**どんなパラメーターを使ったにせよ，いつかは必ず**，$(P3)$の適用においてそのパラメーターが使われるのであり，したがって，**いつかは必ず**（有限の段階で）閉じるのである[6]．

　そして一般に，この手続きを可能な限り繰り返してできた

枝分かれ図においては（無限の場合には，どの要素を見てもこの手続きに合致しているならば），そのすべての枝が，「閉じた枝」か「完成した枝」になる，ということが言える（次の〈定理7〉）．

だがその前に，厳密に言えば〈手続き P〉によってできる枝分かれ図は，「タブロー」の定義を満たさない，ということに注意しておこう．なぜなら，タブローを構成する操作では，ここでの $(P3)$ のように，再び γ を付け加えることは，許されていないからである．だが，この手続きによってできた枝分かれ図から，$(P3)$ で付け加えられた γ をすべて取り除けば，厳密な意味でのタブローが得られることは明らかであろう．そのようにして作られたタブローを「**体系タブロー (systematic tableau)**」と呼び，特に，〈手続き P〉を**可能な限り適用**して作られた体系タブローを「**完結した体系タブロー**」と呼ぶことにする．すると，上に述べたのは，次の定理が成り立つ，ということである．

〈定理7〉
　完結した体系タブローは，完成したタブローである．

〈証明〉　この定理は，「完結した体系タブローの枝はすべて，閉じた枝か完成した枝である」ということであり，それはまた，「完結した体系タブローの閉じていない枝はすべて，完成した枝（すなわち，そのすべての要素からなる集合がヒンティカ集合となる枝）である」と言い換えることができる．

そこで，任意の完結した体系タブローの，閉じていない枝を考える．するとまず，ヒンティカ集合の条件（178ページ）の(i)は，その枝が「閉じていない」ことによって明らかに成り立つ．また，完結した体系タブローにおいては，閉じていない枝の，（符号付きの）原子式以外のすべての要素が「利用」されているので，ヒンティカ集合の条件の(ii)，(iii)および(v)は，〈手続き P〉の($P1$)，($P2$)および($P4$)によって満たされる．そして(iv)が満たされることは，次のようにして確かめられる．

(iv)を満たすためには，γ が属する枝には**すべての個体パラメター s について，$\gamma(s)$ が属していなければならない**が，($P3$)の最後で付け加えられる γ に，新たな個体パラメターに関して再び($P3$)が適用され，しかも，新たな個体パラメターを選ぶための，そこで指定した順序では，すべてのパラメターが使われることになる（**どのパラメターについても，それは有限回のうちに使われる**——'c_{538}' も 1,617 回目に使われる！——ということが言える）．したがって，(iv)も満たされるのである．こうして，完結した体系タブローの閉じていない枝は，すべて完成した枝であることが証明された．それゆえ，初めに述べたように，完結した体系タブローは完成したタブローであると言える．Q. E. D.

〈定理7〉と〈定理6〉により，もし A が妥当であれば，⊥ : A の完結した体系タブローは閉じたタブローだ，ということが帰結する．すなわち，A が妥当である場合，⊥ : A に

〈手続き P〉を可能な限り適用してゆけば，必ず**ある有限の段階で閉じる**のである．

あるいはまた，次のように考えてもよい．もし $\bot : A$ の完結した体系タブローに**無限に長い枝**があったとすれば，もちろんその枝は閉じておらず（なぜなら，閉じた枝はある特定の，つまりある有限の段階で閉じており，$(P1)$〜$(P4)$ は「開いた枝」にしか適用されないから），したがって〈定理7〉により，それは**完成した枝**である．そして，「完成した枝」の定義と「ヒンティカの定理」（定理4）により，その枝は充足可能である．それゆえ明らかに，$\bot : A$ 自体が充足可能であることになる．したがって，もし A が妥当であれば（すなわち，$\bot : A$ が充足不可能であれば），$\bot : A$ の完結した体系タブローには，無限に長い枝はありえない（それゆえ，タブロー全体も有限である）．そしてそのタブローは，再び〈定理7〉により「完成したタブロー」であり，それは〈定理6〉により「閉じたタブロー」である．したがって，〈手続き P〉という機械的な（！）方法によって，**有限の段階の後に必ず A の証明に到達することができる**のである．

こうして，述語論理における「完全性定理」が得られたことになる．

〈定理8〉（述語論理におけるタブローの方法の完全性）
　妥当な論理式はすべて，タブローの方法によって証明可能である．

以上では，**双条件法に対する操作(e)と(f)を使わない場合**に，妥当な論理式についてはすべて，有限の段階でその証明に到達する，ということが証明された．では，操作(e)と(f)を許した場合はどうなるであろうか．第7章（152〜154ページ）で見たように，(e)と(f)の操作は，双条件法をその定義にしたがって書き直したものに対する操作を，多少省略しただけである．そして，そこで述べたように，省略しなければ閉じたタブローが，省略してしまったために閉じなくなる，ということはない．したがって，**省略しなかった場合に有限の段階で証明に到達するのであれば，省略しても**（もっと少ないステップで）証明に到達することは明らかであろう．それゆえ，双条件法に対する操作(e)と(f)を許すタブローの方法も，やはり「完全性」を満たすのである．

レーヴェンハイムの定理

　最後に，これまでの議論からの副産物として，次の「レーヴェンハイムの定理」を証明しておこう．

> 〈定理9〉　（レーヴェンハイムの定理）
> 　充足可能な論理式は，**可算無限の個体領域において**，充足可能である．

　〈証明〉　もし A が，したがって T：A が充足可能な論理式であれば，タブローの方法の**健全性**により，T：A のタブロ

ーは閉じない．したがって〈定理7〉により，T : A の完結した体系タブローは，完成した，しかし閉じていないタブローである．すると「完成したタブロー」の定義により，それには，完成した枝，すなわち，そのすべての要素からなる集合がヒンティカ集合となるような枝が，あることになる．すると〈定理4〉(ヒンティカの定理) により，その枝のすべての要素からなる集合は，可算無限の個体領域において充足可能である．それゆえ明らかに，T : A 自体が(したがってAが)，可算無限の個体領域において充足可能である．Q. E. D.

ところで，ある**個体領域における**充足可能性および妥当性について，次のことが言える．

- (a) 個体領域 U において充足可能な論理式 (の集合) は，U を部分集合とする (U を包摂する) ような個体領域 V においても充足可能である．
- (b) 個体領域 V において妥当な論理式は，V の**部分集合**であるような個体領域 U においても妥当である．

ここでは詳細な証明は省略するが[7]，このことには，あまり不思議なことはない．しかし，レーヴェンハイムの定理は，少々驚くべきことである．この定理が成り立つならば，例えば実数全体という**非可算無限**の個体領域で充足可能な論理式 (それは，少なくとも一つの個体領域で充足可能なので，端的に「充足可能」である) は，必ず**その部分集合である**自然

数全体という（**可算無限の**）個体領域においても充足可能となるのである．そうすると，「実数について語っていると思われる話はすべて，自然数についての話と読み替えることができるのではないか」といったような，哲学的に興味深い問題が生じるのだが，残念ながらここでは立ち入ることができない[8]．

なお，レーヴェンハイムの定理から，対偶を考えることによって，直ちに次の定理が帰結する．

〈定理10〉
もし A が可算無限の個体領域において妥当であれば，A は妥当である．

つまり，ある論理式が，自然数の全体という個体領域において妥当であるときには，その論理式は無条件に妥当だと言えるのである．

またスコーレム（Skolem）は，レーヴェンハイムの定理をさらに拡張し，「論理式の**可算無限集合 S** が充足可能であれば，S は可算無限の個体領域において充足可能である」ということを証明した[9]．その定理は，「レーヴェンハイム-スコーレムの定理」と呼ばれている．

注

序　章

1) 「赤い魚」のように名詞に形容詞をつけた表現が、いつでもこのように「かつ」を使って言い換えられるわけではないことに、注意しておこう。例えば、「よい料理人」とは、「よく、かつ料理人である人」ではなく、「料理人としてよい人」であろう。そう考えないと、よい料理人が同時に悪い父親である可能性が、考えられなくなる。(なぜそうなるのかを考えてみよう。)「大きなネズミ」とか「小さな象」についても、同じようなことが言える。しかし、この問題に深入りすると難しいことになるので、これ以後本書では、「かつ」を使って言い換えられる場合だけを取り上げる。

2) 「「赤い」という述語を 'F' で表わし、「魚である」という述語を 'G' で表わすならば」というところを本当に文字通りにとると、「F かつ G であるもの」は、「**赤い**かつ魚である**であるもの**」になってしまう。これでは日本語にならないので、それを「赤くかつ魚であるもの」と書き換える、といったことについては、柔軟に理解していただきたい。文脈に応じて自然な日本語にするための、「は」と「が」の入れ替えなどについても、同様である。

3) 実は、第1章および第5章における「論理式」の定義では、$A_1 \wedge A_2 \wedge \cdots \wedge A_n$ という書き方は許されず、そのかわりに、二つの論理式を '$\wedge$' でつなぐたびにカッコでくくって、例えば $(\cdots(A_1 \wedge A_2) \wedge A_3) \wedge \cdots) \wedge A_n$ といった具合に書かなければならない。これは、論理学の体系を理論的にできるだけ単純にするために払う犠牲である。しかし実際上は、どこを先にカッコでくくっても同じことなので、ここでは約束違反の簡素化した書き方にした。

注　197

1 命題論理の記号言語

1) 本書では，'A', 'B' といった大文字のアルファベットを，任意の記号列（特に論理式）の**呼び名**として使う（それらは，論理式の**中で**「使用する記号」には含まれていない）．そして，'$\neg A$' とか '$A \vee B$' のように，大文字アルファベットと論理記号（および，場合によってはカッコ）とを組み合わせた表現は，「A（と呼ばれる記号列）の前に '$\neg$' をつけてできる記号列」，「A と B の間に '$\vee$' を入れてできる記号列」といった言い方の省略形として使う．'A' とか 'B' とかいった短い名前で呼ばれるものが，非常に長い複雑な論理式である場合もある．また，個別の特定の論理式について語るときには，その論理式そのものに引用符をつけた表現を使う（例：'$\neg r \wedge p$'）．

2) 「論理学」とは関係ないが，これは本当の話である．2000 年は 4 で割り切れるから当然うるう年であると考えている人が多いようだが，そうではない．「4 で割り切れる年はうるう年」という原則に対して，さらに「ただし，100 で割り切れる年（各世紀の最後の年）はうるう年ではない」という例外規定があり，したがって，100 で割り切れる年だけについての「原則」は，むしろ「うるう年ではない」ということである（2100 年は，うるう年ではない）．しかし，それに対する第 2 の例外規定として，「ただし，さらに 400 でも割り切れる場合は，やはりうるう年である」とされている．2000 年がうるう年であるのは，この第 2 の例外規定のためである．うるう年についてのこのような規則は，1582 年に導入された「グレゴリオ暦」で採用されたものなので，第 2 の例外規定が初めて適用されたのは 1600 年であり，2000 年は 2 回目の適用年である．

2 真理値分析とトートロジー

1) 前原昭二『記号論理入門』(日本評論社) 第3章§2参照.
2) 初めに並んでいる左カッコ '(…(' は $n-2$ 個あり,連言を作るたびに(最後を除いて)右カッコをつけてあるものとする.

3 命題論理のタブロー

1) 「妥当な論理式はすべて——そしてそれらのみが——証明可能である」(健全で完全である)のに「決定不可能」であるとはどういうことか,という疑問が出されるかもしれない.それは次のようなことである.「決定可能」とは,妥当であるか否かが有限で機械的な手続きによって確かめられる,ということである.それに対して,①健全性や完全性でいうところの「証明」は,「機械的な手続き」であるとは限らない.ある種の工夫や「ひらめき」を必要とする場合もありうる(しかし,第8章で見るように,タブローの方法は,「機械的な手続き」にすることができる).そして,②ある論理式を証明しようとする試みが,どこまでいっても終わらず,その論理式が妥当でないのか,それとももっと進めば証明が完成するのかがわからない,ということがありうる.つまり,妥当でないことの確認が可能であるとは限らないのである.
2) なお,第7章で,'↔' を含む符号付きの論理式に対して,直接(つまり,定義による書き換えをせずに)施すことができる操作を導入する.その操作の導入を後にもっていったのは,ある程度タブローに慣れるまで,規則はできるだけ単純である方がよいだろう,という判断による.第7章まで進んだ後で,もう一度ここでの⑤や⑥を,今度は '↔' に対する直接の操作を使って,やってみてほしい.

注 199

4 命題論理における健全性と完全性

1) 論理学の体系の中で（本書のやり方ではタブローの方法によって）証明される論理式や命題ではなく，論理学の体系**について**証明される定理を，「**メタ定理**」と呼ぶ．次の〈定理 1〉や，その他，本書で〈定理…〉と呼ばれるのは，「メタ定理」である．

2) 条件法 $A \to B$ に対して，$\neg B \to \neg A$ を，その「対偶」と呼ぶ．条件法とその対偶とは，等値である．（真理表かタブローの方法によって，そのことを確認しておこう．）

5 述語論理の記号言語

1) 〈 〉でくくった「x は y を愛している」という表現は，**x と y とについてのある条件**（x や y が何であるかによって，満たされたり満たされなかったりする条件）を述べている．それと同じように，[ ]でくくった「〈x は y を愛している〉という条件を満たす y が存在する」という表現は，**x についてのある条件**（x が何であるかによって，満たされたり満たされなかったりする条件）を述べている．

2) 第 1 章の注 1)で，'A' や 'B' といった文字を，任意の論理式（あるいは記号列）の「呼び名」として使うことを述べたが，ここでの 'Φ', 't_1', 't_2', ……も同様に，任意の述語記号，任意の個体記号の呼び名である．そして，'$\Phi t_1 t_2 \cdots t_n$' という表現は，「Φ の次に t_1，その次に t_2，その次に……，そして最後に t_n を書いてできる記号列」という言い方の省略形である．

3) このような言い方は，何を**一つの**「物」と見なすか（机が「一つの物」なのか，それとも，机を構成している天板と 4 本の脚がそれぞれ「一つの物」なのか──「一つ」「二つ」と数えられるためには，「机」とか「天板」といった具体的な「分類語」が不可欠である）という，少々厄介な「哲学的」問題を生じさせるが，そう

した問題には，ここでは目をつぶらせていただきたい．
4) どのような個体領域を指定するかによって，命題の形式を表現する論理式が違ってくることがある．例えば，「すべての人は……である」という命題の形式は，個体領域が人間全体の集合であれば，'$(\forall x)$……' といった形の論理式で表現できるが，もし個体領域を「物」全体の集合としたならば，'$(\forall x)[Fx \to ……]$' といった論理式にしなければならない．そして 'Fx' に対する具体的解釈は，「x は人間である」となる．（存在量化ならば，'Fx' は連言でつなげられる．）
5) '$\neg(\exists x)\{[(\forall y)\neg Fyx \land (\forall y)\neg Fxy] \land Gx\}$' でもよい．後で（156ページ）見るように，'$(\forall y)\neg$' と '$\neg(\exists y)$' とは，同じ働きをするのである．
6) 例えば，'$\neg(\exists x)[(\forall y)(\neg Fyy \to Fxy) \land (\forall y)(Fxy \to \neg Fyy)]$' といった具合である．これと本文中の論理式とが等値であることは，第7章の「タブロー」を学んだ後で，確かめていただきたい．

6 述語論理における真理値と妥当性

1) 「無限」は，「可算無限」と「非可算無限」とに区別される．「可算無限」とは，自然数全体の集合と1対1の対応をつけることができるような無限である．そのような対応をつけることができない無限を，「非可算無限」と呼ぶ．実数の全体は，その意味で非可算無限の集合である．
2) （細かいことが気になる人への注意）「対象式」は，個体そのものをその構成要素として含んでいる場合があるので，一般には記号列とすら言えない．それは形式的には，（個体パラメーター以外の）記号と，個体領域に属するいくつかの個体とを要素とするような順序 n 組として，集合論的に定義される．しかし表記上，あたかも記号列であるかのように書くことにする．

3) なぜなら，対象式 A を作るもととなった論理式における t の自由な現われの代わりにパラメーターが入ったものも論理式であり——そのことは，「原子式」の定義（98 ページ）において，個体記号が個体変項でも個体パラメーターでもよいことによる——$A[t, e]$ は，その論理式のすべてのパラメーターを，個体そのものに置き換えたものだからである．
4) これは，個体の順序 n 組の，ある集合である．
5) 先に「標準的」と呼んだ，「対象式」を使わない真理値の定義では，直接論理式に対して真理値が付与されるが，その場合，ここでの (i), (iii), (iv) の代わりに，次の (i′), (iii′), (iv′) のような定義が与えられ，(v) は不要となる．ただし，$A[t, s]$ とは，A の中の個体変項 t のすべての自由な現われを，**個体パラメーター s に置き換え**てできる論理式である．

(i′) 原子式 $\Phi s_1 s_2 \cdots\cdots s_n$ は，順序 n 組 $\langle I(s_1), I(s_2), \cdots\cdots, I(s_n) \rangle$ （ただし，$n=1$ のときは $I(s_1)$）が $I(\Phi)$ に属するときには真，属さないときには偽である．
(iii′) 論理式 $(\forall t)A$ が真であるのは，**A に現われていない一つの個体パラメーターを s として，s について以外は I と同じであるようなあらゆる解釈 I' において**，$A[t, s]$ が真であるときであり，それ以外の場合は $(\forall t)A$ は偽である．
(iv′) 論理式 $(\exists t)A$ が真であるのは，**A に現われていない一つの個体パラメーターを s として，s について以外は I と同じであるような少なくとも一つの解釈 I' において**，$A[t, s]$ が真であるときであり，それ以外の場合には $(\exists t)A$ は偽である．

7 述語論理のタブロー

1) もし，任意に選んだパラメター s が，A の中に既に現われていたならば，s のそのような現われは，A から A' を作る段階で，既に $I(s)$ に置き換えられている．そして，$A'[t, I(s)]$ は，A から $A[t, s]$ を作ったときに新たに現われた s ——A に t の自由な現われが含まれている場合に，新たに現われる——も $I(s)$ に置き換えた対象式と一致する．

なお，本文の証明は少々込み入っているので，具体例を挙げておこう．

個体変項 t を 'x' とし，個体パラメター s を 'a' とする．そして論理式 A を '$Fxa \rightarrow (\exists y)(Gby \land Hxy)$' としよう（これは，$s$ が A の中に既に現われている場合である）．そのとき，この証明に出てくる，A から作られる論理式や対象式は，以下のようになる．

$A:$ $Fxa \rightarrow (\exists y)(Gby \land Hxy)$
$(\forall t)A:$ $(\forall x)[Fxa \rightarrow (\exists y)(Gby \land Hxy)]$
$A[t, s]:$ $Faa \rightarrow (\exists y)(Gby \land Hay)$
$A':$ $FxI(a) \rightarrow (\exists y)(GI(b)y \land Hxy)$
$(\forall t)A':$ $(\forall x)[FxI(a) \rightarrow (\exists y)(GI(b)y \land Hxy)]$
$A'[t, e]:$ $FeI(a) \rightarrow (\exists y)(GI(b)y \land Hey)$
$A'[t, I(s)]:$ $FI(a)I(a) \rightarrow (\exists y)(GI(b)y \land HI(a)y)$

この例を使って，証明をていねいに辿ってみていただきたい．そして，この後のいくつかの証明でも，自分で具体例を考えてみてほしい．

2) 実際には，もう少し緩い（しかし多少複雑な）制限でもその危険を排除することができる．しかし，このきつい制限のもとでもタブローの方法は十分強力である（「完全」である）ことが証明でき

るので (第8章), 繁雑さを避けるためにこの制限を採用することにする.
3) もっと単純な, 例えば '$(\exists x)Fx \to (\forall x)Fx$' でもよい. 「$F$であるものが存在すれば, すべてのものが$F$である」が論理的真理であるはずはないが, 「規則違反」をすれば, この論理式は簡単に「証明」される. 本文では, 次の「反例」の捜し方の話につなげるために, 少し複雑な例にした.
4) ただし, 述語記号として**1項述語記号**しか登場しない論理式に関しては, それが妥当でないことを確かめるための決定手続きが存在する. しかし, 詳細には立ち入らない. また, 述語論理の決定不可能性の証明を与えることは, 本書のレベルを越えるので省略する.
5) もしここで, e_1とe_2に課された条件が両立可能 (つまり, $e_1 = e_2$のときでも成り立ちうる) のであれば, 「別の」個体をとる必要はない. しかしむしろ, その「両立可能性」の問題を無視して, 初めから「別の」個体を考えた方が, 手間が省ける. (ただし実際には, ここでe_1とe_2に課された条件は両立不可能である.)
6) これは実際には必要ではない. 個体領域を{太郎, 花子}とした場合には, $I(F)$は空集合となる.
7) ここでは, 量化子の作用範囲の中に閉じた論理式が現われる場合を考えるのであるが, もっと一般に, 個体変項tに関する量化子の作用範囲の中に, 個体変項tの自由な現われを含まない論理式が現われる場合についても, 同様のことが言える. つまり, 閉じてはいない (例えば, 個体変項 'y' の自由な現われを含んでいる) が, 個体変項 'x' の自由な現われを含まない論理式Aが, 'x'に関する量化子の作用範囲の中に現われる場合, やはりAを作用範囲の外に出すことができるのである. 例えば, '$(\exists x)(Fx \land Gy)$' という (開いた) 論理式 (ここでAにあたるのは 'Gy') は, 「等値」ということばのある拡張した意味で, '$(\exists x)Fx \land Gy$' と等値である. その「拡張」は, 次の通りである.

本書では，閉じた論理式 A と B が「等値」であるのは，$A \leftrightarrow B$ が妥当な場合と定義したが，その定義を**開いた論理式**へと一般化して，論理式 A と B が「等値」であるのは，$A \leftrightarrow B$ を，そこに**自由に現われているすべての個体変項によって普遍量化した**（閉じた）論理式（それを，$A \leftrightarrow B$ の「閉包（closure）」と呼ぶ——もともと閉じている場合はそのまま）が妥当な場合，と定義するのである．

　そして，ある論理式 A の内部に含まれている論理式 B を，この拡張された意味で B と「等値」の論理式 B' に置き換えてできる論理式 A' は，A と等値であることがわかっている．例えば，'$(\forall y)\{\cdots\cdots(\exists x)(Fx \wedge Gy)\cdots\cdots\}$' と '$(\forall y)\{\cdots\cdots[(\exists x)Fx \wedge Gy]\cdots\cdots\}$' とは，等値である．

8　述語論理における健全性と完全性

1) 前章（151 ページ）で導入した，双条件法に対する操作 (e)，(f) を認めた場合についても，同様に，次のように考えることができる．

　　θ の中に ⊤：$A \leftrightarrow B$ または ⊥：$A \leftrightarrow B$ が含まれていて，前者の場合には (e)，後者の場合には (f) を施すわけであるが，$A \leftrightarrow B$ が真であれば，A も B も真であるか，または，A も B も偽であり，$A \leftrightarrow B$ が偽であれば，A が真で B が偽であるか，または，A が偽で B が真である．そこで，本文の (1)〜(4) の後に，次の二つの項目を付け加えればよい．

　　(5)　$n+1$ 回目の操作が (e) の場合：　S（仮定により，充足可能）のすべての要素を真とする解釈 I において，S に含まれている ⊤：$A \leftrightarrow B$ ももちろん真である．したがって上に述べたことより，その解釈 I において，⊤：A も ⊤：B も真であるか，あるいは，⊥：A も ⊥：B も真である．それゆえ解釈 I において，$S \cup \{⊤：A, ⊤：B\}$ のすべての要素が真であるか，あるいは，$S \cup \{⊥：$

注　205

A, ⊥ : B} のすべての要素が真である. したがって, SU{⊤ : A, ⊤ : B} と SU{⊥ : A, ⊥ : B} のうちの少なくとも一方は充足可能であり, そこで, θ に⊤ : A と⊤ : B を付け加えた枝と, θ に⊥ : A と⊥ : B を付け加えた枝のうちの, 少なくとも一方は充足可能である. ゆえに, $n+1$ 回目に関しても定理は成り立つ.

(6) $n+1$ 回目の操作が (f) の場合: S のすべての要素を真とする解釈 I において, S に含まれている ⊥ : $A \leftrightarrow B$ も真である. したがって, 解釈 I において, ⊤ : A と⊥ : B とが真であるか, あるいは, ⊥ : A と⊤ : B とが真であるかの, どちらかである. それゆえ解釈 I において, SU{⊤ : A, ⊥ : B} のすべての要素が真であるか, あるいは, SU{⊥ : A, ⊤ : B} のすべての要素が真である. したがって SU{⊤ : A, ⊥ : B} と SU{⊥ : A, ⊤ : B} のうちの少なくとも一方は充足可能である. そこで, θ に⊤ : A と⊥ : B を付け加えた枝と, θ に⊥ : A と⊤ : B を付け加えた枝のうちの, 少なくとも一方は充足可能である. ゆえに, $n+1$ 回目に関しても定理は成り立つ.

2) 第6章の注1)に述べたように, 「可算無限」の集合とは, 自然数の全体と1対1の対応をつけることができる(つまり, その集合のいかなる要素にも, 一意的で重複のない番号をつけることができる)ような無限集合である. 個体パラメーター全体の集合が可算無限となるのは, 次の理由による. 本書の約束では, 個体パラメーターは, 'a', 'b', 'c', および, それらに添え字 '1', '2', ……をつけたものである(97 ページ). そこで, それらの個体パラメーターを,

$a, b, c, a_1, b_1, c_1, a_2, b_2, c_2,$ ……

という順序に並べ, この並べ方で左から n 番目のパラメーターを自然数 n に対応させれば, どのパラメーターにも「一意的で重複のない番号をつける」ことができるのである.

3) 少々込み入っているので, 実例を挙げる. t を 'x', s を 'c' とし,

A を '$Fxa \to (\exists y)(Gby \wedge Hxy)$' (これは前章の注 1) と同じ) とする. 本文のこの箇所で言われているのは, A から出発する次の二つの変形列の結果が, 一致するということである.

〈変形列 1〉
A:　　　$Fxa \to (\exists y)(Gby \wedge Hxy)$
$A[t, s]$:　$Fca \to (\exists y)(Gby \wedge Hcy)$
$A[t, s]'$:　$FI(c)I(a) \to (\exists y)(GI(b)y \wedge HI(c)y)$

〈変形列 2〉
A:　　　$Fxa \to (\exists y)(Gby \wedge Hxy)$
「A のすべてのパラメーター u を個体 $I(u)$ に置き換え」た対象式 (本文すぐ後の A'):
　　　　$FxI(a) \to (\exists y)(GI(b)y \wedge Hxy)$
「さらに t を $I(s)$ に置き換えてできる対象式」:
　　　　$FI(c)I(a) \to (\exists y)(GI(b)y \wedge HI(c)y)$

　〈変形列 2〉の結果である最後の対象式は, 〈変形列 1〉の結果 $A[t, s]'$ と一致する. 〈変形列 1〉は, 帰納法の仮定に〈真理値の定義〉(v) を適用することに対応し, 〈変形列 2〉は, 〈真理値の定義〉(v) と (iii) を使って, $(\forall t)A$ の真理値を調べるプロセスに対応する. そして, 本文のこれ以下の部分では, いまの「一致」と, U と I に関する条件 (a) を介して, 帰納法の仮定から, **$(\forall t)A$ が I において真**となることを導き出す.
4) 詳しい証明は, (イ) の証明の「真」を「偽」に変え, 前注の〈変形列 2〉を $(\exists t)A$ の真理値を調べるために利用することになる. 自分で辿り直してみよう.
5) ヒンティカ集合に含まれては**ならない**ものについての規則は, 条件 (i) しかないので, ヒンティカ集合は, そこに普遍タイプの論理式が含まれていなくても, 例えば無限に多くのパラメーについ

て $\delta(s)$ を含むという仕方で，無限でもありうるが，それにはあまり意味はない．

6) もっとも，$(P4)$ での個体パラメーターを，「任意」ではなく，「θ に現われていないパラメーターのうち，$(P3)$ で指定した順序で見て最初のもの」とでもすれば，余計な心配はいらなくなる．しかし，$(P3)$ では，パラメーターの順序指定は非常に重要だが，$(P4)$ ではその必要がないので，本書の「規則はなるべく単純に」という方針によって，「任意」としておく．

7) (a)の証明のための基本的な考え方は，だいたい次のようなことである．まず，論理式 A （あるいは，論理式の集合 S）は，個体領域 U において充足可能だとしよう．そして，A （あるいは，S のすべての要素）が真となる（U における）解釈を I とする．この I から，U を包摂する個体領域 V において，A （あるいは，S のすべての要素）が真となる解釈 I' を導き出すことができればよいわけである．そのための一つの方法は，U に属する任意の一つの個体 e_1 をとり，そして I を元に，個体領域に新しく加わる（すなわち，V に属するが U に属さない）すべての個体が，e_1 と，**A（あるいは S）に現われる述語記号によっては区別できないように**，I' を構成することである．つまり，A （あるいは S）で e_1 について成り立つ（成り立たない）と言われていることはすべて，新しく加わるすべての個体についても成り立つ（成り立たない）ように，V における解釈 I' を作るのである．するとその解釈において，A （あるいは，S のすべての要素）は真となる．

そして，もし(a)が成り立つならば(b)も成り立つことは，「対偶」を考えることによって直ちにわかる．なぜなら，V において妥当な論理式 A の否定 $\neg A$ は，V において充足**不**可能であり，すると，もし(a)が成り立つならば，その対偶により，$\neg A$ は U において充足不可能となる．したがって，A は U において妥当である．

8) 興味のある読者は，例えば，ヒラリー・パトナム『実在論と理性』

（勁草書房）の第1章を参照してほしい．
9) 論理式の**有限集合**の充足可能性は，そのすべての要素の**連言**（という**一つの論理式**）の充足可能性の問題に帰着する．

練習問題解答

1 命題論理の記号言語

練習 1

① (1) 'p' と 'q' は論理式である．(形成規則(i))
　 (2) 'p∧q' は論理式である．((1)と形成規則(iii))
　 (3) '¬(p∧q)' は論理式である．((2)と形成規則(ii))

② (1) 'p' と 'q' は論理式である．(形成規則(i))
　 (2) '¬p' と '¬q' は論理式である．((1)と形成規則(ii))
　 (3) 'p∨q' と '¬p∧¬q' は論理式である．((1), (2)と形成規則(iii))
　 (4) '¬(¬p∧¬q)' は論理式である．((3)と形成規則(ii))
　 (5) '(p∨q)→¬(¬p∧¬q)' は論理式である．((3), (4)と形成規則(iii))

③ (1) 'p', 'q', 'r' は論理式である．(形成規則(i))
　 (2) '¬q' と '¬r' は論理式である．((1)と形成規則(ii))
　 (3) 'p∧q' と '¬q→r' は論理式である．((1), (2)と形成規則(iii))
　 (4) 'p→(¬q→r)' と '(p∧q)→¬r' は論理式である．((1), (2), (3)と形成規則(iii))
　 (5) '¬[p→(¬q→r)]' は論理式である．((4)と形成規則(ii))
　 (6) 'p∨¬[p→(¬q→r)]' は論理式である．((1), (5)と形成規則(iii))
　 (7) '{p∨¬[p→(¬q→r)]}→[(p∧q)→¬r]' は論理式である．((4), (6)と形成規則(iii))

練習問題解答　211

練習2

（この問題では，少しずつ異なるいくつもの答えがありうる．以下は，一つの例である．）

① もし君の熱が下がっていないならば，君のカゼはなおっていない．

② もし君の熱は下がったが，セキが止まっていないならば，君のカゼはなおっていない．

③ もし君の熱が下がって，セキが止まったならば，君のカゼはなおった．

④ もし君のカゼがなおったのならば，君の熱が下がるかセキが止まるかする．

練習3

① $p \rightarrow (q \lor r)$
   p：太郎は既に大学を卒業した
   q：太郎は就職している
   r：太郎は大学院に行っている

② $(p \lor q) \rightarrow r$
   p：あなたは日本国籍をもっている
   q：あなたは日本国籍をもっている人と結婚している
   r：あなたは日本に永住することができる

③ $[p_1 \land (\neg p_2 \lor p_3)] \leftrightarrow p_4$
   p_1：今年の西暦年数は，4で割り切れる
   p_2：今年の西暦年数は，100で割り切れる
   p_3：今年の西暦年数は，400で割り切れる
   p_4：今年はうるう年である

2 真理値分析とトートロジー

練習1

①

p	q	$\neg p$	$p \to q$	$\neg p \to (p \to q)$
T	T	⊥	T	T
T	⊥	⊥	⊥	T
⊥	T	T	T	T
⊥	⊥	T	T	T

↑
すべてTである．

したがって，'$\neg p \to (p \to q)$' はトートロジーである．

②

p	q	$p \land q$	$p \lor q$	$(p \land q) \to (p \lor q)$
T	T	T	T	T
T	⊥	⊥	T	T
⊥	T	⊥	T	T
⊥	⊥	⊥	⊥	T

↑
すべてTである．

したがって，'$(p \land q) \to (p \lor q)$' はトートロジーである．

③

p	q	$\neg p$	$\neg q$	$p \to \neg q$	$\neg p \to q$	$(p \to \neg q) \to (\neg p \to q)$
T	T	⊥	⊥	⊥	T	T
T	⊥	⊥	T	T	T	T
⊥	T	T	⊥	T	T	T
⊥	⊥	T	T	T	⊥	⊥

↑
すべてがTではない．

練習問題解答 213

したがって，'$(p \to \neg q) \to (\neg p \to q)$' はトートロジーではない．

④

p	q	$p \to q$	$\neg p$	$\neg q$	$(p \to q) \land \neg q$	$[(p \to q) \land \neg q] \to \neg p$
T	T	T	⊥	⊥	⊥	T
T	⊥	⊥	⊥	T	⊥	T
⊥	T	T	T	⊥	⊥	T
⊥	⊥	T	T	T	T	T

↑
すべてTである．

したがって，'$[(p \to q) \land \neg q] \to \neg p$' はトートロジーである．

⑤

p	$\neg p$	$\neg \neg p$	$\neg \neg p \to p$
T	⊥	T	T
⊥	T	⊥	T

↑
すべてTである．

したがって，'$\neg \neg p \to p$' はトートロジーである．

練習2

A	B	$\neg A$	$\neg B$	$\neg A \land \neg B$	☆ $\neg(\neg A \land \neg B)$	☆ $A \lor B$
T	T	⊥	⊥	⊥	T	T
T	⊥	⊥	T	⊥	T	T
⊥	T	T	⊥	⊥	T	T
⊥	⊥	T	T	T	⊥	⊥

☆をつけた右端の二つの列が一致する．したがって，$A \lor B$ と $\neg(\neg A \land \neg B)$ とは等値である．

A	B	$\neg A$	$\neg B$	$\neg A \vee \neg B$	☆ $\neg(\neg A \vee \neg B)$	☆ $A \wedge B$
T	T	⊥	⊥	⊥	T	T
T	⊥	⊥	T	T	⊥	⊥
⊥	T	T	⊥	T	⊥	⊥
⊥	⊥	T	T	T	⊥	⊥

☆をつけた右端の二つの列が一致する．したがって，$A \wedge B$ と $\neg(\neg A \vee \neg B)$ とは等値である．

練習3

①

A	☆ $\neg A$	☆ $A \downarrow A$
T	⊥	⊥
⊥	T	T

☆をつけた二つの列が一致する．したがって，$\neg A$ と $A \downarrow A$ とは等値である．

A	B	$A \downarrow A$	$B \downarrow B$	☆ $(A \downarrow A) \downarrow (B \downarrow B)$	☆ $A \wedge B$
T	T	⊥	⊥	T	T
T	⊥	⊥	T	⊥	⊥
⊥	T	T	⊥	⊥	⊥
⊥	⊥	T	T	⊥	⊥

☆をつけた右端の二つの列が一致する．したがって $A \wedge B$ と $(A \downarrow A) \downarrow (B \downarrow B)$ とは等値である．

② $(A \downarrow B) \downarrow (A \downarrow B)$

これが $A \vee B$ と等値であることを，自分で確かめよう．

練習問題解答 215

練習 4

$\neg A : A | A$, $A \wedge B : (A | B) | (A | B)$, $A \vee B : (A | A) | (B | B)$

これらの等値関係についても，真理表を書いて確かめよう．

3 命題論理のタブロー

練習 1

①   (1) $\bot : \neg p \to (p \to q)$
      (2) $\top : \neg p$ (1)
      (3) $\bot : p \to q$ (1)
      (4) $\bot : p$ (2)
      (5) $\top : p$ (3)
       ×
      (4), (5)

②   (1) $\bot : (p \to \neg q) \to (q \to \neg p)$
      (2) $\top : p \to \neg q$ (1)
      (3) $\bot : q \to \neg p$ (1)
      (4) $\top : q$ (3)
      (5) $\bot : \neg p$ (3)
      (6) $\top : p$ (5)

         (2)

(7) $\bot : p$ (8) $\top : \neg q$
   ×
  (6), (7)   (9) $\bot : q$ (8)
         ×
        (4), (9)

③
(1) $\bot : [(p \to q) \land \neg q] \to \neg p$
(2) $\top : (p \to q) \land \neg q$　(1)
(3) $\bot : \neg p$　(1)
(4) $\top : p \to q$　(2)
(5) $\top : \neg q$　(2)
(6) $\top : p$　(3)
(7) $\bot : q$　(5)

(4)

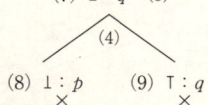

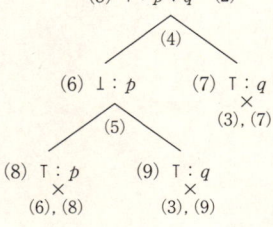

(8) $\bot : p$　　(9) $\top : q$
　　×　　　　　　×
　(6), (8)　　　(7), (9)

④
(1) $\bot : [(p \to q) \land (p \lor q)] \to q$
(2) $\top : (p \to q) \land (p \lor q)$　(1)
(3) $\bot : q$　(1)
(4) $\top : p \to q$　(2)
(5) $\top : p \lor q$　(2)

(4)

(6) $\bot : p$　　(7) $\top : q$
　　　　　　　　　×
　　　　　　　(3), (7)

(5)

(8) $\top : p$　　(9) $\top : q$
　×　　　　　　×
(6), (8)　　　(3), (9)

⑤   (1) $\perp : \{[(p \vee q) \to r] \to [(p \to r) \wedge (q \to r)]\} \wedge \{[(p \to r) \wedge (q \to r)] \to [(p \vee q) \to r]\}$

(1)

(2) $\perp : [(p \vee q) \to r] \to [(p \to r) \wedge (q \to r)]$
(4) $\top : (p \vee q) \to r$ (2)
(5) $\perp : (p \to r) \wedge (q \to r)$ (2)

(5)

(6) $\perp : p \to r$ (7) $\perp : q \to r$
(8) $\top : p$ (6)   (13) $\top : q$ (7)
(9) $\perp : r$ (6)   (14) $\perp : r$ (7)

(4)   (4)

(10) $\perp : p \vee q$ (11) $\top : r$ (15) $\perp : p \vee q$ (16) $\top : r$
                        ×   ×
(12) $\perp : p$ (10)   (9), (11)   (17) $\perp : q$ (15)   (14), (16)
  ×   ×
(8), (12)   (13), (17)

(3)　⊥ : $[(p \to r) \land (q \to r)] \to [(p \lor q) \to r]$
(18)　⊤ : $(p \to r) \land (q \to r)$　(3)
(19)　⊥ : $(p \lor q) \to r$　(3)
(20)　⊤ : $p \to r$　(18)
(21)　⊤ : $q \to r$　(18)
(22)　⊤ : $p \lor q$　(19)
(23)　⊥ : r　(19)

(20)

(24)　⊥ : p　　　　(25)　⊤ : r
　　　　　　　　　　　　×
　　　　　　　　　　(23), (25)

(22)

(26)　⊤ : p　　　　(27)　⊤ : q
　　×
(24), (26)

(21)

(28)　⊥ : q　　　　(29)　⊤ : r
　　×　　　　　　　　　×
(27), (28)　　　　　(23), (29)

⑥   (1) $\bot : \{[(p \wedge q) \to r] \to [(p \to r) \vee (q \to r)]\}$
$\wedge \{[(p \to r) \vee (q \to r)] \to [(p \wedge q) \to r]\}$

(1)

(2) $\bot : [(p \wedge q) \to r]$
     $\to [(p \to r) \vee (q \to r)]$
(4) $\top : (p \wedge q) \to r$ (2)
(5) $\bot : (p \to r) \vee (q \to r)$ (2)
(6) $\bot : p \to r$ (5)
(7) $\bot : q \to r$ (5)
(8) $\top : p$ (6)
(9) $\bot : r$ (6)
(10) $\top : q$ (7)

(4)

(11) $\bot : p \wedge q$ (12) $\top : r$
                          ×
                       (9), (12)

(11)

(13) $\bot : p$ (14) $\bot : q$
   ×   ×
(8), (13)   (10), (14)

$$
\begin{aligned}
&(3)\quad \bot : [(p \to r) \vee (q \to r)] \\
&\qquad\quad \to [(p \wedge q) \to r]
\end{aligned}
$$

(15) $\top : (p \to r) \vee (q \to r)$ (3)
(16) $\bot : (p \wedge q) \to r$ (3)
(17) $\top : p \wedge q$ (16)
(18) $\bot : r$ (16)
(19) $\top : p$ (17)
(20) $\top : q$ (17)

(15)

(21) $\top : p \to r$ (22) $\top : q \to r$

(21)   (22)

(23) $\bot : p$ (24) $\top : r$ (25) $\bot : q$ (26) $\top : r$
×   ×   ×   ×
(19), (23)   (18), (24)   (20), (25)   (18), (26)

練習問題解答

練習 2

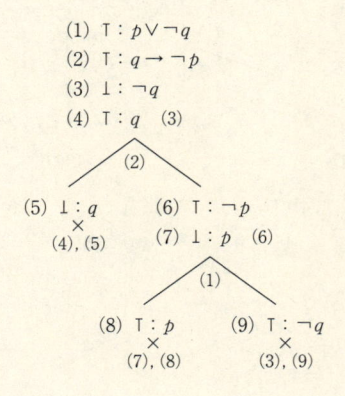

①

(1) $\top : p$
(2) $\top : q \to \neg p$
(3) $\bot : \neg q$
(4) $\top : q$ (3)

(2)

(5) $\bot : q$　　(6) $\top : \neg p$
　×　　　　　(7) $\bot : p$ (6)
(4), (5)　　　　×
　　　　　　　(1), (7)

②

(1) $\top : p \vee \neg q$
(2) $\top : q \to \neg p$
(3) $\bot : \neg q$
(4) $\top : q$ (3)

(2)

(5) $\bot : q$　　(6) $\top : \neg p$
　×　　　　　(7) $\bot : p$ (6)
(4), (5)

(1)

(8) $\top : p$　　(9) $\top : \neg q$
　×　　　　　　×
(7), (8)　　　　(3), (9)

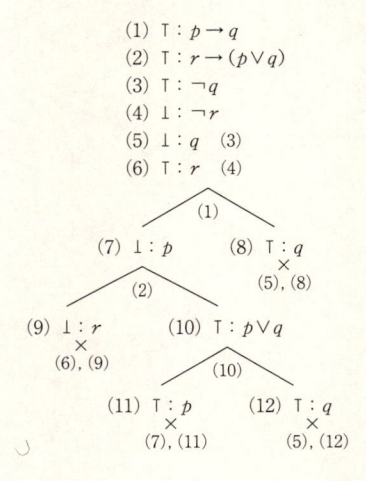

③

$\quad$ (1) $\mathsf{T}: p \to q$
$\quad$ (2) $\mathsf{T}: (p \wedge q) \to r$
$\quad$ (3) $\mathsf{T}: p$
$\quad$ (4) $\bot : r$

(1)

(5) $\bot : p$ $\quad$ (6) $\mathsf{T}: q$
$\quad \times$
(3), (5)

(2)

(7) $\bot : p \wedge q$ $\quad$ (8) $\mathsf{T}: r$
$\qquad\qquad\qquad\quad \times$
$\qquad\qquad\qquad$ (4), (8)

(7)

(9) $\bot : p$ $\quad$ (10) $\bot : q$
$\quad \times \qquad\qquad \times$
(3), (9) $\qquad$ (6), (10)

④

$\quad$ (1) $\mathsf{T}: p \to q$
$\quad$ (2) $\mathsf{T}: r \to (p \vee q)$
$\quad$ (3) $\mathsf{T}: \neg q$
$\quad$ (4) $\bot : \neg r$
$\quad$ (5) $\bot : q$ $\;$ (3)
$\quad$ (6) $\mathsf{T}: r$ $\;$ (4)

(1)

(7) $\bot : p$ $\quad$ (8) $\mathsf{T}: q$
$\qquad\qquad\qquad \times$
$\qquad\qquad\quad$ (5), (8)

(2)

(9) $\bot : r$ $\quad$ (10) $\mathsf{T}: p \vee q$
$\;\; \times$
(6), (9)

(10)

(11) $\mathsf{T}: p$ $\quad$ (12) $\mathsf{T}: q$
$\quad \times \qquad\qquad \times$
(7), (11) $\qquad$ (5), (12)

⑤   (1) $\top : p \vee (q \to \neg r)$
            (2) $\top : r \to \neg p$
            (3) $\top : q$
            (4) $\bot : \neg r$
            (5) $\top : r$ (4)
                 (2)

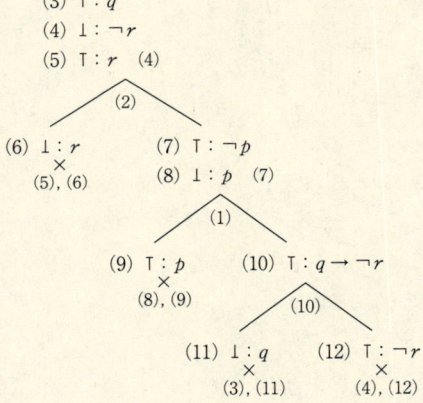

(6) $\bot : r$ (7) $\top : \neg p$
   ×
  (5), (6)   (8) $\bot : p$ (7)
                         (1)

           (9) $\top : p$ (10) $\top : q \to \neg r$
             ×
         (8), (9)   (10)

                     (11) $\bot : q$ (12) $\top : \neg r$
                          ×   ×
                     (3), (11)   (4), (12)

⑥

(1) $\top : (p \wedge q) \rightarrow \neg r$
(2) $\top : \neg q \rightarrow (p \vee r)$
(3) $\top : r \rightarrow (\neg p \vee q)$
(4) $\top : q \rightarrow p$
(5) $\bot : (p \rightarrow \neg r) \wedge (\neg p \rightarrow r)$

(5)

(6) $\bot : p \rightarrow \neg r$ (7) $\bot : \neg p \rightarrow r$
(8) $\top : p$ (6)   (20) $\top : \neg p$ (7)
(9) $\bot : \neg r$ (6)   (21) $\bot : r$ (7)
(10) $\top : r$ (9)   (22) $\bot : p$ (20)

(1)   (4)

(11) $\bot : p \wedge q$ (12) $\top : \neg r$ (23) $\bot : q$ (24) $\top : p$
                  ×   ×
(11)   (9), (12)   (2)   (22), (24)

(13) $\bot : p$ (14) $\bot : q$ (25) $\bot : \neg q$ (26) $\top : p \vee r$
 ×   (27) $\top : q$ (25)
(8), (13)   (3)   ×   (26)
                     (23), (27)

(15) $\bot : r$ (16) $\top : \neg p \vee q$ (28) $\top : p$ (29) $\top : r$
 ×   ×   ×
(10), (15)   (16)   (22), (28)   (21), (29)

(17) $\top : \neg p$ (18) $\top : q$
(19) $\bot : p$ (17)
  ×   (14), (18)
(8), (19)

練習問題解答   225

5 述語論理の記号言語

練習 1

① (1) 'Fx' は論理式である．(形成規則(i))
② (1) 'Gyb' は論理式である．(形成規則(i))
③ (1) 'Fy' と 'Gy' は論理式である．(形成規則(i))
   (2) '$Fy \lor Gy$' は論理式である．((1)と形成規則(iii))
   (3) '$(\exists y)(Fy \lor Gy)$' は論理式である．((2)と形成規則(iv))
④ (1) 'Fx' と 'Gy' は論理式である．(形成規則(i))
   (2) '$\neg Fx$' は論理式である．((1)と形成規則(ii))
   (3) '$\neg Fx \land Gy$' は論理式である．((1), (2)と形成規則(iii))
   (4) '$(\forall x)(\neg Fx \land Gy)$' は論理式である．((3)と形成規則(iv))
⑤ (1) 'Fx' と 'Gx' は論理式である．(形成規則(i))
   (2) '$Fx \land Gx$' は論理式である．((1)と形成規則(iii))
   (3) '$(\exists x)(Fx \land Gx)$' と '$(\exists x)Gx$' は論理式である．((1), (2)と形成規則(iv))
   (4) '$(\exists x)(Fx \land Gx) \to (\exists x)Gx$' は論理式である．((3)と形成規則(iii))
⑦ (1) 'Fy', 'Gxy' および 'Fx' は論理式である．(形成規則(i))
   (2) '$Fy \land Gxy$' は論理式である．((1)と形成規則(iii))
   (3) '$(\exists y)(Fy \land Gxy)$' は論理式である．((2)と形成規則(iv))
   (4) '$(\exists y)(Fy \land Gxy) \to Fx$' は論理式である．((1), (3)と形成規則(iii))
   (5) '$(\forall x)[(\exists y)(Fy \land Gxy) \to Fx]$' は論理式である．((4)と形成規則(iv))
⑧ (1) 'Gab' は論理式である．(形成規則(i))
   (2) '$\neg Gab$' は論理式である．((1)と形成規則(ii))
   (3) '$(\exists y)\neg Gab$' は論理式である．((2)と形成規則(iv))

練習 2

③ $(\exists y)(Fy \vee Gy)$

④ $(\forall x)(\neg Fx \wedge Gy)$

⑤ $(\exists x)(Fx \wedge Gx) \to (\exists x)Gx$

⑥ $(\forall x)(Fx \to (\exists y)Gxy)$

⑦ $(\forall x)[(\exists y)(Fy \wedge Gxy) \to Fx]$

⑧ $(\exists y)\neg Gab$

練習 3

③, ⑤, ⑥, ⑦, ⑧

練習 4

(この問題も,様々な答えが可能であり,以下は一つの例である.)

① 勉強しない学生は,落第する.

② もし,誰かを誰もが愛しているならば,誰もが誰かを愛している.

③ もし,家が火事になるか浸水した人には保険金が出るのであれば,家が火事になった人には,保険金が出る.

④ もし,哲学をとるが論理学をとらない学生がおり,そして,倫理学をとる学生はすべて論理学をとるのであれば,哲学をとるが倫理学をとらない学生がいる.

練習問題解答 227

練習 5

(これも解答例.)

② もしある人 a さんを誰もが愛しているのならば，誰もが誰か（この場合には，全員が同じ a さん）を愛していることになる．

④ もし前件が真であるとすると，哲学をとるが論理学をとらない学生が，少なくとも一人存在することになる．そのうちの一人を a さんとしよう．同じく，もし前件が真であるとすると，倫理学をとる学生はすべて，論理学をとる．しかし，a さんは論理学をとらないのだから，倫理学をとらないことになる．したがって，哲学をとるが倫理学をとらない学生が少なくとも一人存在する（すなわち a さん）．それゆえ，もし前件が真であれば，後件も真である．

練習 6

① $(\exists x)(Fx \land \neg Gx)$
② $(\forall x)(\neg Fx \to \neg Gx)$
③ $(\exists x)(\neg Fx \land Gx)$

6 述語論理における真理値と妥当性

練習

① (1) $e =$ 太郎の場合，$e \in I(F)$.
∴ 'Fe' は真. (i)
∴ '$(\exists x)Fx$' は真. (iv)
(2) $e =$ 次郎の場合，$e \in I(G)$.
∴ 'Ge' は真. (i)
∴ '$(\exists x)Gx$' は真. (iv)
∴ 以上の (1) と (2) より，'$(\exists x)Fx \land (\exists x)Gx$' は真. (ii)

② (1) $e =$ 太郎の場合，$e \notin I(G)$.

$$\therefore \text{`}Ge\text{'} は偽．\quad (\text{i})$$
$$\therefore \text{`}Fe \wedge Ge\text{'} は偽．\quad (\text{ii})$$

(2) $e =$ 花子の場合，$e \notin I(G)$
$$\therefore \text{`}Ge\text{'} は偽．\quad (\text{i})$$
$$\therefore \text{`}Fe \wedge Ge\text{'} は偽．\quad (\text{ii})$$

(3) $e =$ 次郎の場合，$e \notin I(F)$
$$\therefore \text{`}Fe\text{'} は偽．\quad (\text{i})$$
$$\therefore \text{`}Fe \wedge Ge\text{'} は偽．\quad (\text{ii})$$

以上の(1)～(3)より，‘$(\exists x)(Fx \wedge Gx)$' は偽．(iv)

③ $e =$ 花子の場合，$\langle e, I(a) \rangle \notin I(H)$．
$$\therefore \text{`}HeI(a)\text{'} は偽．\quad (\text{i})$$
$\therefore$ ‘$(\forall x)HxI(a)$' は偽．(iii)
$\therefore$ ‘$(\forall x)HxI(a) \rightarrow HI(b)I(a)$' は真．(ii)
$\therefore$ ‘$(\forall x)Hxa \rightarrow Hba$' は真．(v)

④ (1) $e_1 =$ 太郎の場合，$e_2 =$ 花子の場合，$\langle e_1, e_2 \rangle \in I(H)$．
$$\therefore \text{`}He_1e_2\text{'} は真．\quad (\text{i})$$
$\therefore$ ‘$(\exists y)He_1y$' は真．(iv)

(2) $e_1 =$ 花子の場合，$e_2 =$ 太郎の場合，$\langle e_1, e_2 \rangle \in I(H)$．
$$\therefore \text{`}He_1e_2\text{'} は真．\quad (\text{i})$$
$\therefore$ ‘$(\exists y)He_1y$' は真．(iv)

(3) $e_1 =$ 次郎の場合，$e_2 =$ 花子の場合，$\langle e_1, e_2 \rangle \in I(H)$．
$$\therefore \text{`}He_1e_2\text{'} は真．\quad (\text{i})$$
$\therefore$ ‘$(\exists y)He_1y$' は真．(iv)

以上の(1)～(3)より，‘$(\forall x)(\exists y)Hxy$' は真．(iii)

⑤ (1) $e_1 =$ 太郎の場合，$e_2 =$ 次郎の場合，$\langle e_2, e_1 \rangle \notin I(H)$．
$$\therefore \text{`}He_2e_1\text{'} は偽．\quad (\text{i})$$
$\therefore$ ‘$(\forall x)Hxe_1$' は偽．(iii)

(2) $e_1=$花子の場合，$e_2=$花子の場合，$\langle e_2, e_1\rangle \notin I(H)$.
$\therefore$ 'He_2e_1' は偽．(i)
$\therefore$ '$(\forall x)Hxe_1$' は偽．(iii)

(3) $e_1=$次郎の場合，e_2 が何であっても，$\langle e_2, e_1\rangle \notin I(H)$.
$\therefore$ 'He_2e_1' は偽．(i)
$\therefore$ '$(\forall x)Hxe_1$' は偽．(iii)

以上の(1)～(3)より，'$(\exists y)(\forall x)Hxy$' は偽．(iv)

⑥ $e_1=$次郎の場合，$e_1 \in I(G)$.
$\therefore$ 'Ge_1' は真．(i)
$e_2=$太郎の場合，$e_2 \in I(F)$.
$\therefore$ 'Fe_2' は真．(i)
$\therefore$ '$Fe_2 \land Ge_1$' は真．(ii)
$\langle e_1, e_2\rangle \notin I(H)$.
$\therefore$ 'He_1e_2' は偽．(i)
$\therefore$ '$(Fe_2 \land Ge_1) \to He_1e_2$' は偽．
(ii)
$\therefore$ '$(\forall y)[(Fy \land Ge_1) \to He_1y]$' は偽．(iii)
$\therefore$ '$(\forall x)(\forall y)[(Fy \land Gx) \to Hxy]$' は偽．(iii)

7 述語論理のタブロー

練習1

〈1〉の証明

もし S が充足可能であるならば，S のすべての要素が真となるような，個体領域 U とそこでの解釈 I が存在する．すると，もし α が S に含まれるならば，α は I において真である．そして，第3章で見たように，もし α が真であれば，α_1 と α_2 は真なので，I において α_1 と α_2 は真である．ゆえに，I において，S のすべての要素と α_1 と α_2 が真となるので，和集合 $S \cup \{\alpha_1, \alpha_2\}$ のすべての要素が真となる．そのよう

な解釈が存在するので，$S \cup \{\alpha_1, \alpha_2\}$ は充足可能である．

〈2〉の証明

もし S が充足可能であるならば，S のすべての要素が真となるような，個体領域 U とそこでの解釈 I が存在する．すると，もし β が S に含まれるならば，β は I において真である．そして，第3章で見たように，もし β が真であれば，β_1 と β_2 のうちの少なくとも一方は真なので，I において β_1 と β_2 のうちの少なくとも一方は真である．ゆえに，I において，S のすべての要素と，β_1 と β_2 のうちの少なくとも一方が真となるので，和集合 $S \cup \{\beta_1\}$ と和集合 $S \cup \{\beta_2\}$ のうちの少なくとも一方の，すべての要素が真となる．そのような解釈が存在するので，$S \cup \{\beta_1\}$ と $S \cup \{\beta_2\}$ のうちの少なくとも一方は，充足可能である．

練習 2

(イ)の場合と同様に，個体領域 U，解釈 I，および対象式 A' を考える．I において δ すなわち $\perp : (\forall t) A$ が真なので，I において $(\forall t) A$ は偽である．すると(イ)の場合と並行的に，U には，$A'[t, e]$ が I において偽となるような個体 e が存在する．そこで(イ)と同様に個体パラメター s をとり，解釈 I' を，$I'(s) = e$ となる以外は，I と全く同じ解釈であるとする．すると，(イ)と同じ理由で，対象式 $A'[t, e]$ は，論理式 $A[t, s]$ に現われるすべてのパラメター u を，$I'(u)$ に置き換えたものとなり，また，$A'[t, e]$ は I' においても偽である．それゆえ論理式 $A[t, s]$ も，I' において偽である．したがって I' において，$\delta(s)$ すなわち $\perp : A[t, s]$ は真である．すると，S のすべての要素が I' において真なので，$S \cup \{\delta(s)\}$ は充足可能である．

練習 3

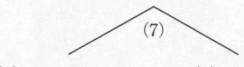

①
(1) ⊥ : $[(\forall x)Fx \lor (\forall x)Gx] \to (\forall x)(Fx \lor Gx)$
(2) ⊤ : $(\forall x)Fx \lor (\forall x)Gx$ (1)
(3) ⊥ : $(\forall x)(Fx \lor Gx)$ (1)
(4) ⊥ : $Fa \lor Ga$ (3)
(5) ⊥ : Fa (4)
(6) ⊥ : Ga (4)

(2)

(7) ⊤ : $(\forall x)Fx$ (8) ⊤ : $(\forall x)Gx$
(9) ⊤ : Fa (7)   (10) ⊤ : Ga (8)
   ×   ×
(5), (9)   (6), (10)

②
(1) ⊥ : $(\forall x)[(Fx \lor Gx) \to Hx] \to (\forall x)(Fx \to Hx)$
(2) ⊤ : $(\forall x)[(Fx \lor Gx) \to Hx]$ (1)
(3) ⊥ : $(\forall x)(Fx \to Hx)$ (1)
(4) ⊥ : $Fa \to Ha$ (3)
(5) ⊤ : Fa (4)
(6) ⊥ : Ha (4)
(7) ⊤ : $(Fa \lor Ga) \to Ha$ (2)

(7)

(8) ⊥ : $Fa \lor Ga$ (9) ⊤ : Ha
(10) ⊥ : Fa (8)   ×
  ×   (6), (9)
(5), (10)

③   (1) $\perp : (\forall x)(Fx \wedge Gx) \rightarrow [(\forall x)Fx \wedge (\forall x)Gx]$
      (2) $\top : (\forall x)(Fx \wedge Gx)$ (1)
      (3) $\perp : (\forall x)Fx \wedge (\forall x)Gx$ (1)

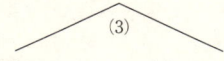

(3)

(4) $\perp : (\forall x)Fx$	(5) $\perp : (\forall x)Gx$
(6) $\perp : Fa$ (4)	(9) $\perp : Ga$ (5)
(7) $\top : Fa \wedge Ga$ (2)	(10) $\top : Fa \wedge Ga$ (2)
(8) $\top : Fa$ (7)	(11) $\top : Ga$ (10)
×	×
(6), (8)	(9), (11)

④ (ここでは，「双条件法に対する操作」を使う.)

      (1) $\perp : (\forall x)Fx \leftrightarrow \neg(\exists x)\neg Fx$

(1)

(2) $\top : (\forall x)Fx$	(4) $\perp : (\forall x)Fx$
(3) $\perp : \neg(\exists x)\neg Fx$	(5) $\top : \neg(\exists x)\neg Fx$
(6) $\top : (\exists x)\neg Fx$ (3)	(10) $\perp : Fa$ (4)
(7) $\top : \neg Fa$ (6)	(11) $\perp : (\exists x)\neg Fx$ (5)
(8) $\perp : Fa$ (7)	(12) $\perp : \neg Fa$ (11)
(9) $\top : Fa$ (2)	(13) $\top : Fa$ (12)
×	×
(8), (9)	(10), (13)

⑤   (1) $\bot : (\exists x)Fx \leftrightarrow \neg(\forall x)\neg Fx$

                             (1)

(2) $\top : (\exists x)Fx$ (4) $\bot : (\exists x)Fx$
(3) $\bot : \neg(\forall x)\neg Fx$ (5) $\top : \neg(\forall x)\neg Fx$
(6) $\top : (\forall x)\neg Fx$ (3)   (10) $\bot : (\forall x)\neg Fx$ (5)
(7) $\top : Fa$ (2)   (11) $\bot : \neg Fa$ (10)
(8) $\top : \neg Fa$ (6)   (12) $\top : Fa$ (11)
(9) $\bot : Fa$ (8)   (13) $\bot : Fa$ (4)
     ×   ×
  (7), (9)   (12), (13)

⑥   (1) $\bot : [(\forall x)Fx \to (\exists x)Gx] \to [(\forall x)\neg Gx \to (\exists x)\neg Fx]$
     (2) $\top : (\forall x)Fx \to (\exists x)Gx$ (1)
     (3) $\bot : (\forall x)\neg Gx \to (\exists x)\neg Fx$ (1)
     (4) $\top : (\forall x)\neg Gx$ (3)
     (5) $\bot : (\exists x)\neg Fx$ (3)

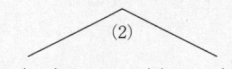

                    (2)

(6) $\bot : (\forall x)Fx$ (7) $\top : (\exists x)Gx$
(8) $\bot : Fa$ (6)   (11) $\top : Ga$ (7)
(9) $\bot : \neg Fa$ (5)   (12) $\top : \neg Ga$ (4)
(10) $\top : Fa$ (9)   (13) $\bot : Ga$ (12)
    ×   ×
  (8), (10)   (11), (13)

⑦   (1) $\bot : \{(\forall x)[(Fx \land Gx) \to Hx] \land (\forall x)(\neg Fx \to Hx)\}$
$\qquad\qquad\qquad\qquad\qquad\qquad \to (\forall x)(Gx \to Hx)$
     (2) $\top : (\forall x)[(Fx \land Gx) \to Hx] \land (\forall x)(\neg Fx \to Hx)$ (1)
     (3) $\bot : (\forall x)(Gx \to Hx)$ (1)
     (4) $\top : (\forall x)[(Fx \land Gx) \to Hx]$ (2)
     (5) $\top : (\forall x)(\neg Fx \to Hx)$ (2)
     (6) $\bot : Ga \to Ha$ (3)
     (7) $\top : Ga$ (6)
     (8) $\bot : Ha$ (6)
     (9) $\top : (Fa \land Ga) \to Ha$ (4)
    (10) $\top : \neg Fa \to Ha$ (5)

                        (10)

(11) $\bot : \neg Fa$ (12) $\top : Ha$
(13) $\top : Fa$ (11)   ×
                                 (8), (12)

              (9)

(14) $\bot : Fa \land Ga$ (15) $\top : Ha$
                              ×
         (14)   (8), (15)

(16) $\bot : Fa$ (17) $\bot : Ga$
      ×   ×
(13), (16)   (7), (17)

練習問題解答   235

⑧ (1) ⊥ : $[(\forall x)(\forall y)Fxy \wedge (\exists x)(\exists y)Gxy] \to (\exists x)(\exists y)(Fxy \wedge Gxy)$
   (2) ⊤ : $(\forall x)(\forall y)Fxy \wedge (\exists x)(\exists y)Gxy$ (1)
   (3) ⊥ : $(\exists x)(\exists y)(Fxy \wedge Gxy)$ (1)
   (4) ⊤ : $(\forall x)(\forall y)Fxy$ (2)
   (5) ⊤ : $(\exists x)(\exists y)Gxy$ (2)
   (6) ⊤ : $(\exists y)Gay$ (5)
   (7) ⊤ : Gab (6)
   (8) ⊥ : $(\exists y)(Fay \wedge Gay)$ (3)
   (9) ⊥ : $Fab \wedge Gab$ (8)
   (10) ⊤ : $(\forall y)Fay$ (4)
   (11) ⊤ : Fab (10)

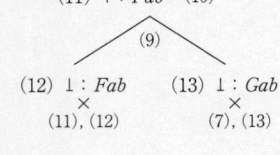

                    (9)
         ╱   ╲
(12) ⊥ : Fab (13) ⊥ : Gab
      ×   ×
   (11), (12)   (7), (13)

⑨   (1) $\perp : (\forall x)\{[Fx \to (\exists y)Gxy] \land [\neg Fx \to (\exists y)Hxy]\}$
$\to (\forall x)(\exists y)(Gxy \lor Hxy)$
(2) $\top : (\forall x)\{[Fx \to (\exists y)Gxy] \land [\neg Fx \to (\exists y)Hxy]\}$ (1)
(3) $\perp : (\forall x)(\exists y)(Gxy \lor Hxy)$ (1)
(4) $\perp : (\exists y)(Gay \lor Hay)$ (3)
(5) $\top : [Fa \to (\exists y)Gay] \land [\neg Fa \to (\exists y)Hay]$ (2)
(6) $\top : Fa \to (\exists y)Gay$ (5)
(7) $\top : \neg Fa \to (\exists y)Hay$ (5)

(6)

(8) $\perp : Fa$ (9) $\top : (\exists y)Gay$
                        (16) $\top : Gab$ (9)
(7)   (17) $\perp : Gab \lor Hab$ (4)
                               (18) $\perp : Gab$ (17)
                                   ×
                               (16), (18)

(10) $\perp : \neg Fa$ (11) $\top : (\exists y)Hay$
(12) $\top : Fa$ (10)   (13) $\top : Hab$ (11)
    ×   (14) $\perp : Gab \lor Hab$ (4)
 (8), (12)   (15) $\perp : Hab$ (14)
                          ×
                   (13), (15)

⑩
(1) $\perp : [(\exists x)(\forall y)Fxy \wedge (\exists y)(\forall z)Gyz$
　　　　$\to (\exists x)(\exists y)(\forall z)(Fxy \wedge Gyz)]$
(2) $\top : (\exists x)(\forall y)Fxy \wedge (\exists y)(\forall z)Gyz$　(1)
(3) $\perp : (\exists x)(\exists y)(\forall z)(Fxy \wedge Gyz)$　(1)
(4) $\top : (\exists x)(\forall y)Fxy$　(2)
(5) $\top : (\exists y)(\forall z)Gyz$　(2)
(6) $\top : (\forall y)Fay$　(4)
(7) $\top : (\forall z)Gbz$　(5)
(8) $\perp : (\exists y)(\forall z)(Fay \wedge Gyz)$　(3)
(9) $\perp : (\forall z)(Fab \wedge Gbz)$　(8)
(10) $\perp : Fab \wedge Gbc$　(9)
(11) $\top : Fab$　(6)
(12) $\top : Gbc$　(7)

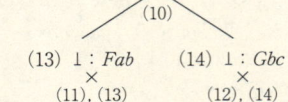

　　　　　　(10)
(13) $\perp : Fab$　　(14) $\perp : Gbc$
　　　×　　　　　　　　×
　　(11), (13)　　　　　(12), (14)

練習 4

① $I(a) \in I(F)$.
　∴ '$FI(a)$' は真.　(i)
$e =$ 花子の場合, $e \notin I(F)$.
　　　　　　∴ 'Fe' は偽.　(i)
　　　　　　∴ '$FI(a) \to Fe$' は偽.　(ii)
∴ '$(\forall x)(FI(a) \to Fx)$' は偽.　(iii)
∴ '$(\forall x)(Fa \to Fx)$' は偽.　(v)

② (1) $e_1 =$ 太郎の場合, $e_2 =$ 次郎の場合, $\langle e_1, e_2 \rangle \in I(G)$.
　　　　　　　　　　　∴ 'Ge_1e_2' は真.　(i)

$\therefore$ '$(\exists y)Ge_1y$' は真. (iv)

$e_1 \notin I(F)$.

$\therefore$ 'Fe_1' は偽. (i)

$\therefore$ '$(\exists y)Ge_1y \to Fe_1$' は偽. (ii)

$\therefore$ '$(\forall x)[(\exists y)Gxy \to Fx]$' は偽. (iii)

(2) $e_1=$花子の場合,e_2 が何であっても,$\langle e_1, e_2 \rangle \notin I(G)$.

$\therefore$ 'Ge_1e_2' は偽. (i)

$\therefore$ '$\neg Ge_1e_2$' は真. (ii)

$e_1 \notin I(F)$.

'Fe_1' は偽. (i)

$\therefore$ '$\neg Ge_1e_2 \to Fe_1$' は偽. (ii)

$\therefore$ '$(\exists y)(\neg Ge_1y \to Fe_1)$' は偽. (iv)

$\therefore$ '$(\forall x)(\exists y)(\neg Gxy \to Fx)$' は偽. (iii)

以上の (1) と (2) より,'$(\forall x)[(\exists y)Gxy \to Fx] \lor (\forall x)(\exists y)(\neg Gxy \to Fx)$' は偽. (ii)

練習 5

① これは,いつもの具体的解釈を使えば,「誰もが誰かを愛しているか,または,誰も誰かを愛してはいない」という命題となる.これは妥当ではないだろう.なぜなら,誰かを愛している人と,誰も愛していない人との両方がいる場合,この選言は偽となるからである.そこで,次のような反例ができる.

反例:個体領域 $U=\{$太郎,花子$\}$
 解釈 $I:I(F)=\{\langle$太郎,花子$\rangle\}$

この例では,太郎は「誰かを愛している」が,花子は「誰も愛していない」.

② これは，普遍量化の作用範囲の中身が，$A \lor \neg A$ という形（「排中律」と呼ばれる）をしており，妥当である．

$$(1) \perp : (\forall x)[(\exists y)Fxy \lor \neg(\exists y)Fxy]$$
$$(2) \perp : (\exists y)Fay \lor \neg(\exists y)Fay \quad (1)$$
$$(3) \perp : (\exists y)Fay \quad (2)$$
$$(4) \perp : \neg(\exists y)Fay \quad (2)$$
$$(5) \top : (\exists y)Fay \quad (4)$$
$$\times$$
$$(3), (5)$$

③ 前件の二つの連言肢がいずれも真であったとしても，H であって G でないものは存在しうる．したがって妥当ではない．

反例：個体領域 $U=\{太郎, 花子\}$
　　　解釈 I：$I(F)=\{太郎, 花子\}$
　　　　　　　$I(G)=\{太郎\}$
　　　　　　　$I(H)=\{太郎, 花子\}$

④ この条件法の後件は，「G という関係が成り立っていない個体のペア（自分自身とのペアでもよい）が存在する」ということである．すると，条件法全体が偽になるためには，後件が偽にならなければならないが，この後件が偽であるとは，「すべてのペア（自分自身とのペアも含めて）について関係 G が成り立つ」ということである．そうすると，前件の中の一つの連言肢である '$(\exists x)Fx$'（前件は，三つの連言肢をもつ連言のように見ることができる）が真であれば，前件の第1の連言肢も考え合わせると，「すべての個体が H である」ということが帰結し（なぜなら，**一つでも** F であるものがあれば，それを 'a' と呼んだとき，'$(\forall y)[(Fa \land Gay) \to Hy]$' が真となるから），前件の最後の連言肢 '$(\exists y)\neg Hy$' と矛盾する．したがって，前件を構成するすべての連言肢が真であれば，後件が偽ということ

はありえない．ゆえに，この論理式は妥当である．

$$
\begin{aligned}
&(1) \quad \bot : \{(\forall x)(\forall y)[(Fx \land Gxy) \to Hy] \\
&\qquad\qquad \land [(\exists x)Fx \land (\exists y) \neg Hy]\} \to (\exists x)(\exists y) \neg Gxy \\
&(2) \quad \top : (\forall x)(\forall y)[(Fx \land Gxy) \to Hy] \\
&\qquad\qquad \land [(\exists x)Fx \land (\exists y) \neg Hy] \quad (1) \\
&(3) \quad \bot : (\exists x)(\exists y) \neg Gxy \quad (1) \\
&(4) \quad \top : (\forall x)(\forall y)[(Fx \land Gxy) \to Hy] \quad (2) \\
&(5) \quad \top : (\exists x)Fx \land (\exists y) \neg Hy \quad (2) \\
&(6) \quad \top : (\exists x)Fx \quad (5) \\
&(7) \quad \top : (\exists y) \neg Hy \quad (5) \\
&(8) \quad \top : Fa \quad (6) \\
&(9) \quad \top : \neg Hb \quad (7) \\
&(10) \quad \bot : Hb \quad (9) \\
&(11) \quad \bot : (\exists y) \neg Gay \quad (3) \\
&(12) \quad \bot : \neg Gab \quad (11) \\
&(13) \quad \top : Gab \quad (12) \\
&(14) \quad \top : (\forall y)[(Fa \land Gay) \to Hy] \quad (4) \\
&(15) \quad \top : (Fa \land Gab) \to Hb \quad (14)
\end{aligned}
$$

```
                    (15)
                   /    \
   (16) ⊥ : Fa ∧ Gab    (17) ⊤ : Hb
                              ×
            (16)          (10), (17)
           /    \
(18) ⊥ : Fa    (19) ⊥ : Gab
      ×              ×
   (8), (18)      (13), (19)
```

⑤ ④と同じ仕方で，反例がありうるかどうかを考えてみよう．後件が偽になるためには，Fであると同時にHでもある個体がなければ

ならない．その個体を a とする．前件の普遍量化された条件（それは，二つの条件法の連言になる）が真であるとすると，それを a にあてはめて，第1の条件法から，a はすべての個体に対して関係 G をもつことになり，また第2の条件法から，a には関係 G をもたない相手があることになる．これらは矛盾するので，前件が真で後件が偽ということ，すなわち条件法全体が偽ということは，ありえない．したがって，この論理式は妥当である．

(1) $\bot : (\forall x)\{[Fx \to (\forall y)Gxy] \land [Hx \to (\exists y)\neg Gxy]\}$
  $\to \neg(\exists x)(Fx \land Hx)$
(2) $\top : (\forall x)\{[Fx \to (\forall y)Gxy] \land [Hx \to (\exists y)\neg Gxy]\}$ (1)
(3) $\bot : \neg(\exists x)(Fx \land Hx)$ (1)
(4) $\top : (\exists x)(Fx \land Hx)$ (3)
(5) $\top : Fa \land Ha$ (4)
(6) $\top : Fa$ (5)
(7) $\top : Ha$ (5)
(8) $\top : [Fa \to (\forall y)Gay] \land [Ha \to (\exists y)\neg Gay]$ (2)
(9) $\top : Fa \to (\forall y)Gay$ (8)
(10) $\top : Ha \to (\exists y)\neg Gay$ (8)

```
                    (10)
       ┌─────────────┴─────────────┐
(11) ⊥ : Ha         (12) ⊤ : (∃y)¬Gay
       ×            (13) ⊤ : ¬Gab   (12)
    (7),(11)        (14) ⊥ : Gab    (13)
                              (9)
                    ┌──────────┴──────────┐
              (15) ⊥ : Fa        (16) ⊤ : (∀y)Gay
                   ×             (17) ⊤ : Gab    (16)
                (6),(15)                 ×
                                      (14),(17)
```

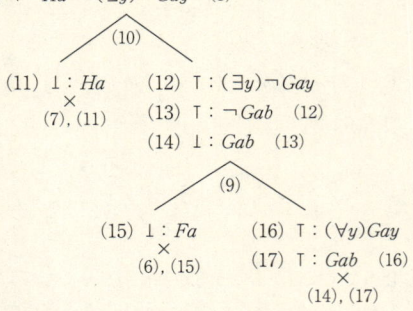

242

練習6

①
(1) $\perp : (\forall x)(Fx \wedge A) \leftrightarrow [(\forall x)Fx \wedge A]$
　　　　　　　　(1)

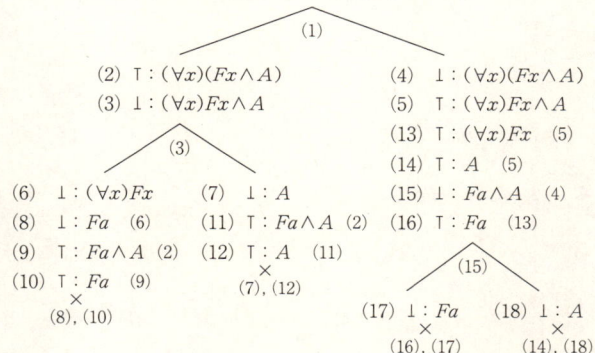

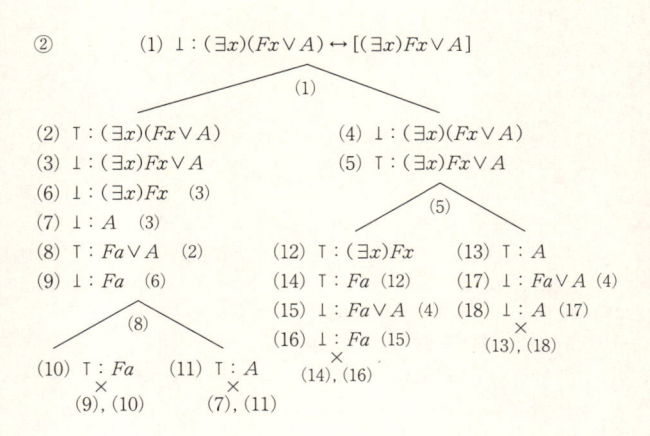

(2) $\top : (\forall x)(Fx \wedge A)$ 　　　(4) $\perp : (\forall x)(Fx \wedge A)$
(3) $\perp : (\forall x)Fx \wedge A$ 　　　(5) $\top : (\forall x)Fx \wedge A$
　　　　　　　　　　　　　　　(13) $\top : (\forall x)Fx$ 　(5)
　　　　　　　　　　　　　　　(14) $\top : A$ 　(5)
　　　(3)　　　　　　　　　　　(15) $\perp : Fa \wedge A$ 　(4)
(6) $\perp : (\forall x)Fx$ 　(7) $\perp : A$ 　　(16) $\top : Fa$ 　(13)
(8) $\perp : Fa$ 　(6) 　(11) $\top : Fa \wedge A$ 　(2)
(9) $\top : Fa \wedge A$ 　(2) 　(12) $\top : A$ 　(11)　　　(15)
(10) $\top : Fa$ 　(9) 　　　　×
　　×　　　　　　　(7), (12) 　(17) $\perp : Fa$ 　(18) $\perp : A$
(8), (10) 　　　　　　　　　　　×　　　　×
　　　　　　　　　　　　　　(16), (17) 　(14), (18)

②
(1) $\perp : (\exists x)(Fx \vee A) \leftrightarrow [(\exists x)Fx \vee A]$
　　　　　　　　(1)

(2) $\top : (\exists x)(Fx \vee A)$ 　　　(4) $\perp : (\exists x)(Fx \vee A)$
(3) $\perp : (\exists x)Fx \vee A$ 　　　(5) $\top : (\exists x)Fx \vee A$
(6) $\perp : (\exists x)Fx$ 　(3)
(7) $\perp : A$ 　(3)　　　　　　　　　　　(5)
(8) $\top : Fa \vee A$ 　(2) 　(12) $\top : (\exists x)Fx$ 　(13) $\top : A$
(9) $\perp : Fa$ 　(6) 　　　(14) $\top : Fa$ 　(12) 　(17) $\perp : Fa \vee A$ 　(4)
　　　　　　　　　　　　　(15) $\perp : Fa \vee A$ 　(4) 　(18) $\perp : A$ 　(17)
　　　(8)　　　　　　　　　(16) $\perp : Fa$ 　(15) 　　　×
(10) $\top : Fa$ 　(11) $\top : A$ 　　　×　　　　　(13), (18)
　×　　　　×　　　　(14), (16)
(9), (10) 　(7), (11)

練習問題解答　243

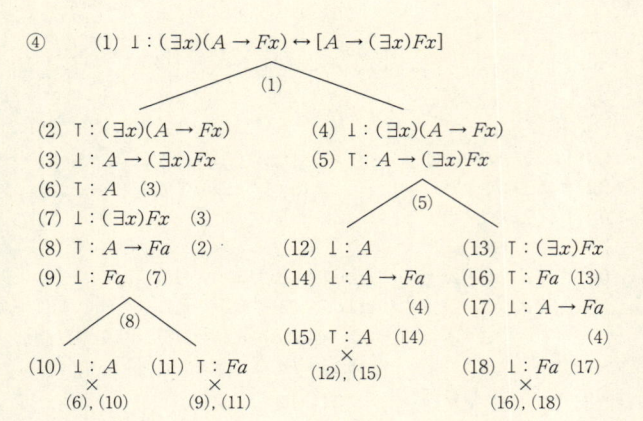

③   (1) $\perp : (\forall x)(A \to Fx) \leftrightarrow [A \to (\forall x)Fx]$

(1)

(2) $\top : (\forall x)(A \to Fx)$ (4) $\perp : (\forall x)(A \to Fx)$
(3) $\perp : A \to (\forall x)Fx$ (5) $\top : A \to (\forall x)Fx$
(6) $\top : A$ (3)   (12) $\perp : A \to Fa$ (4)
(7) $\perp : (\forall x)Fx$ (3)   (13) $\top : A$ (12)
(8) $\perp : Fa$ (7)   (14) $\perp : Fa$ (12)
(9) $\top : A \to Fa$ (2)

(9)   (5)

                                  (15) $\perp : A$ (16) $\top : (\forall x)Fx$
(10) $\perp : A$ (11) $\top : Fa$ ×   (17) $\top : Fa$ (16)
     ×   ×   (13), (15)   ×
  (6), (10)   (8), (11)   (14), (17)

④   (1) $\perp : (\exists x)(A \to Fx) \leftrightarrow [A \to (\exists x)Fx]$

(1)

(2) $\top : (\exists x)(A \to Fx)$ (4) $\perp : (\exists x)(A \to Fx)$
(3) $\perp : A \to (\exists x)Fx$ (5) $\top : A \to (\exists x)Fx$
(6) $\top : A$ (3)
(7) $\perp : (\exists x)Fx$ (3)   (5)
(8) $\top : A \to Fa$ (2)
(9) $\perp : Fa$ (7)   (12) $\perp : A$ (13) $\top : (\exists x)Fx$
                    (14) $\perp : A \to Fa$ (16) $\top : Fa$ (13)
(8)   (4)   (17) $\perp : A \to Fa$
                           (15) $\top : A$ (14)   (4)
(10) $\perp : A$ (11) $\top : Fa$ ×   (18) $\perp : Fa$ (17)
     ×   ×   (12), (15)   ×
  (6), (10)   (9), (11)   (16), (18)

⑤   (1) $\perp : (\forall x)(Fx \to A) \leftrightarrow [(\exists x)Fx \to A]$

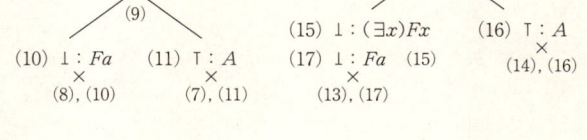

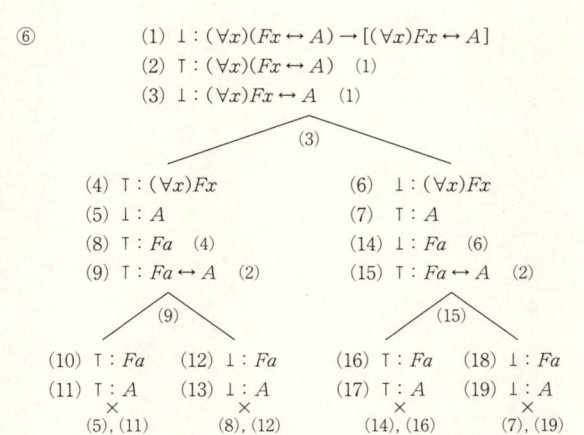

$$\underset{(1)}{\diagup\diagdown}$$

(2) $\top : (\forall x)(Fx \to A)$ (4) $\perp : (\forall x)(Fx \to A)$
(3) $\perp : (\exists x)Fx \to A$ (5) $\top : (\exists x)Fx \to A$
(6) $\top : (\exists x)Fx$ (3)   (12) $\perp : Fa \to A$ (4)
(7) $\perp : A$ (3)   (13) $\top : Fa$ (12)
(8) $\top : Fa$ (6)   (14) $\perp : A$ (12)
(9) $\top : Fa \to A$ (2)

$$\underset{(9)}{\diagup\diagdown} \qquad\qquad \underset{(5)}{\diagup\diagdown}$$

(10) $\perp : Fa$ (11) $\top : A$ (15) $\perp : (\exists x)Fx$ (16) $\top : A$
     $\times$ $\times$ (17) $\perp : Fa$ (15) $\times$
  (8), (10)   (7), (11) $\times$ (14), (16)
                                      (13), (17)

⑥   (1) $\perp : (\forall x)(Fx \leftrightarrow A) \to [(\forall x)Fx \leftrightarrow A]$
         (2) $\top : (\forall x)(Fx \leftrightarrow A)$ (1)
         (3) $\perp : (\forall x)Fx \leftrightarrow A$ (1)

$$\underset{(3)}{\diagup\diagdown}$$

(4) $\top : (\forall x)Fx$ (6) $\perp : (\forall x)Fx$
(5) $\perp : A$ (7) $\top : A$
(8) $\top : Fa$ (4)   (14) $\perp : Fa$ (6)
(9) $\top : Fa \leftrightarrow A$ (2)   (15) $\top : Fa \leftrightarrow A$ (2)

$$\underset{(9)}{\diagup\diagdown} \qquad\qquad \underset{(15)}{\diagup\diagdown}$$

(10) $\top : Fa$ (12) $\perp : Fa$ (16) $\top : Fa$ (18) $\perp : Fa$
(11) $\top : A$ (13) $\perp : A$ (17) $\top : A$ (19) $\perp : A$
   $\times$ $\times$ $\times$ $\times$
(5), (11) (8), (12)   (14), (16) (7), (19)

練習問題解答   245

⑦   (1) $\bot : [(\exists x)Fx \leftrightarrow A] \to (\exists x)(Fx \leftrightarrow A)$
             (2) $\top : (\exists x)Fx \leftrightarrow A$ (1)
             (3) $\bot : (\exists x)(Fx \leftrightarrow A)$ (1)

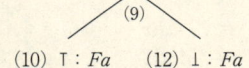

                       (2)

(4) $\top : (\exists x)Fx$ (6) $\bot : (\exists x)Fx$
(5) $\top : A$ (7) $\bot : A$
(8) $\top : Fa$ (4)   (14) $\bot : Fa$ (6)
(9) $\bot : Fa \leftrightarrow A$ (3)   (15) $\bot : Fa \leftrightarrow A$ (3)

         (9)   (15)

(10) $\top : Fa$ (12) $\bot : Fa$ (16) $\top : Fa$ (18) $\bot : Fa$
(11) $\bot : A$ (13) $\top : A$ (17) $\bot : A$ (19) $\top : A$
    ×   ×   ×   ×
(5), (11)   (8), (12)   (14), (16)   (7), (19)

練習 7

①
(1) ⊤ : $(\forall x)(\forall y)(Fxy \to \neg Gxy)$
(2) ⊤ : $(\forall x)[Hx \to (\exists y)Gxy]$
(3) ⊥ : $(\forall x)(\forall y)Fxy \to \neg(\exists x)Hx$
(4) ⊤ : $(\forall x)(\forall y)Fxy$ (3)
(5) ⊥ : $\neg(\exists x)Hx$ (3)
(6) ⊤ : $(\exists x)Hx$ (5)
(7) ⊤ : Ha (6)
(8) ⊤ : $(\forall y)(Fay \to \neg Gay)$ (1)
(9) ⊤ : $Ha \to (\exists y)Gay$ (2)
(10) ⊤ : $(\forall y)Fay$ (4)

(9)

(11) ⊥ : Ha
×
(7), (11)

(12) ⊤ : $(\exists y)Gay$
(13) ⊤ : Gab (12)
(14) ⊤ : $Fab \to \neg Gab$ (8)
(15) ⊤ : Fab (10)

(14)

(16) ⊥ : Fab
×
(15), (16)

(17) ⊤ : $\neg Gab$
(18) ⊥ : Gab (17)
×
(13), (18)

②   (1) $\top : (\forall x)[Fx \to (Gx \lor Hx)] \to (\exists x)(Gx \land \neg Hx)$
         (2) $\top : (\forall x)(Gx \to Hx) \lor (\forall x)(Hx \to Gx)$
         (3) $\bot : (\exists x)(Hx \land \neg Gx) \to (\exists x)[(Fx \land \neg Gx) \land \neg Hx]$
         (4) $\top : (\exists x)(Hx \land \neg Gx)$ (3)
         (5) $\bot : (\exists x)[(Fx \land \neg Gx) \land \neg Hx]$ (3)
         (6) $\top : Ha \land \neg Ga$ (4)
         (7) $\top : Ha$ (6)
         (8) $\top : \neg Ga$ (6)
         (9) $\bot : Ga$ (8)

(1)

(10) $\bot : (\forall x)[Fx \to (Gx \lor Hx)]$
(12) $\bot : Fb \to (Gb \lor Hb)$ (10)
(13) $\top : Fb$ (12)
(14) $\bot : Gb \lor Hb$ (12)
(15) $\bot : Gb$ (14)
(16) $\bot : Hb$ (14)
(17) $\bot : (Fb \land \neg Gb) \land \neg Hb$ (5)

(17)

(18) $\bot : Fb \land \neg Gb$ (19) $\bot : \neg Hb$
                               (23) $\top : Hb$ (19)
                                   ×
(18)   (16), (23)

(20) $\bot : Fb$ (21) $\bot : \neg Gb$
    ×   (22) $\top : Gb$ (21)
(13), (20)   ×
                 (15), (22)

248

(11) ⊤ : $(\exists x)(Gx \wedge \neg Hx)$
(24) ⊤ : $Gb \wedge \neg Hb$ (11)
(25) ⊤ : Gb (24)
(26) ⊤ : $\neg Hb$ (24)
(27) ⊥ : Hb (26)

(2)

(28) ⊤ : $(\forall x)(Gx \to Hx)$ (29) ⊤ : $(\forall x)(Hx \to Gx)$
(30) ⊤ : $Gb \to Hb$ (28)   (33) ⊤ : $Ha \to Ga$ (29)

(30)   (33)

(31) ⊥ : Gb (32) ⊤ : Hb (34) ⊥ : Ha (35) ⊤ : Ga
    ×   ×   ×   ×
(25), (31)   (27), (32)   (7), (34)   (9), (35)

8 述語論理における健全性と完全性

練習

Tを，⊥：Aの完成したタブローであって，しかも閉じていないものとする．すると，「完成したタブロー」及び「閉じたタブロー」の定義（63ページ）により，Tには完成した枝が含まれている．そして，完成した枝の定義（184ページ）より，その枝のすべての要素からなる集合は，ヒンティカ集合である．すると，ヒンティカの定理により，その集合は充足可能であり，その集合のすべての要素を真とする解釈Iが存在する．そして⊥：Aはその集合に属するので，Iにおいて⊥：Aは真である．ゆえに，⊥：Aは充足可能である．（第4章の〈定理4の証明〉が非常に長かったのに，ここでの証明が短く済んでしまったのは，その前に既にヒンティカの定理が証明してあったからである．第4章では，ヒンティカの定理に対応する定理まで，〈定理4の証明〉で証明した．）

索　引

ア　行

現われ　102
　　自由な——　102
　　束縛された——　102
枝　57
　　完成した——　63, 184
　　閉じた——　62, 142
枝分かれタイプ　59

カ　行

外延　111
解釈　40, 111, 112
可算無限　110, 201
カッコ　22, 23, 99
含意　40
完全性　83, 89, 177, 193
帰謬法　54
具体的解釈　27, 94, 104
形式　17
形式論理学　17
形成規則　22, 23, 98
結合子　16
決定可能　53
　　実効的に——　53
決定手続き(実効的な)　53
決定不可能(性)　53

原子式　98
健全性　79, 82, 172, 176
後件　26
個体記号　97
個体パラメター　97
個体変項　96
個体領域　94

サ　行

作用範囲(作用域)　100
シェッファー・ストローク　51
充足可能(性)　129, 130, 134, 141
述語　18
述語記号　94, 104
　　1項——　96
　　2項——　94
　　n項——　97
順序 n 組　113
順序対　112
条件法　26
証明　54, 65, 142
真理関数(的)　35
真理値　34, 116
真理値の定義　117
真理値分析　40
真理表　35
数学的帰納法　86
選言　26

索引　251

  排反的—— 36
  非-排反的—— 36
選言肢 26
前件 26
全称肯定命題 96
全称量化 100
全称量化子 18, 96
双条件法 26
存在タイプ 132
存在量化 100
存在量化子 18, 96

タ 行

対偶 84, 200
タブロー
  完結した体系—— 191
  完成した—— 63, 184
  述語論理の—— 140
  体系—— 191
  閉じた—— 63, 142
  命題論理の—— 61
  論理式の集合の—— 73, 171
対象式 114
  原子—— 114
  純粋な—— 114
  閉じた—— 114
多重量化 101
妥当(性) 129
直接帰結タイプ 59
手続き P 188
等値 40, 204
特称肯定命題 105

トートロジー 40

ナ 行

濃度 131

ハ 行

パラメター 97
反例 160
非可算無限 110, 201
否定 26
ヒンティカ集合 177
ヒンティカの定理 179
普遍タイプ 132
普遍量化 100
普遍量化子 18, 96
閉包 205

マ 行

矛盾 19
無矛盾性 79
命題変項 22
メタ定理 200
モデル 130

ヤ 行

有限で機械的な手続き 53

ラ 行

量化子 18
レーヴェンハイム-スコーレムの定理 196
レーヴェンハイムの定理 194
連言 26
連言肢 26
論議領域 94
論理記号 15

論理結合子 16, 23
論理語 15
論理式 22
　述語論理の—— 97
　純粋な—— 114
　閉じた—— 103
　開いた—— 103
　符号付きの—— 55
　命題論理の—— 22
論理的真理 15, 34, 40
論理的に正しい推論 19, 72

本書は一九九九年十一月、朝倉書店より刊行された『タブローの方法による論理学入門』に大幅に改訂を加え、文庫化したものである。

論理学入門

二〇一四年五月　十　日　第一刷発行
二〇二三年九月二十五日　第三刷発行

著　者　丹治信春（たんじ・のぶはる）
発行者　喜入冬子
発行所　株式会社　筑摩書房
　　　　東京都台東区蔵前二―五―三　〒一一一―八七五五
　　　　電話番号　〇三―五六八七―二六〇一（代表）
装幀者　安野光雅
印刷所　株式会社精興社
製本所　株式会社積信堂

乱丁・落丁本の場合は、送料小社負担でお取り替えいたします。
本書をコピー、スキャニング等の方法により無許諾で複製する
ことは、法令に規定された場合を除いて禁止されています。請
負業者等の第三者によるデジタル化は一切認められていません
ので、ご注意ください。
©NOBUHARU TANJI 2014　Printed in Japan
ISBN978-4-480-09518-3　C0110